细节
决定成败
Detail is the key to Success

日本人如何做细节

(日) 川田 修◎著　　田静◎译

全国百佳图书出版单位
ARTTIME 时代出版传媒股份有限公司
时代出版　安徽人民出版社

图字：12151542号

SHIGOTO WA 99% KIKUBARI by Osamu Kawada. Copyright © 2012 Kawada Osamu. All rights reserved. Original Japanese edition published by Asahi Shimbun Publications Inc. This Simplified Chinese language edition is published by arrangement with Asahi Shimbun Publications Inc., Tokyo in care of Tuttle-Mori Agency, Inc., Tokyo through Beijing Kareka Consultation Center, Beijing

图书在版编目（CIP）数据

细节决定成败（Ⅲ）：日本人如何做细节 /（日）川田 修著；田静译. —— 合肥：安徽人民出版社，2015.9

ISBN 978-7-212-08296-3

Ⅰ. ①细… Ⅱ. ①川…②田… Ⅲ. ①成功心理—通俗读物 Ⅳ. ①B848.4-49

中国版本图书馆CIP数据核字(2015)第212022号

细节决定成败(Ⅲ)：日本人如何做细节
XIJIE JUEDING CHENGBAI(Ⅲ): RIBENREN RUHE ZUOXIJIE
（日）川田修 著   田静 译

出 版 人：胡正义		责任印制：董 亮	
责任编辑：任 济 王大丽		封面设计：王建敏	

出版发行：时代出版传媒股份有限公司 http://www.press-mart.com
　　　　　安徽人民出版社 http://www.ahpeople.com
　　　　　合肥市政务文化新区翡翠路1118号出版传媒广场八楼
　　　　　邮编：230071
　　　　　营销部电话：0551-63533258 0551-63533292（传真）
印　　刷：北京凯达印务有限公司
　　　　　（如发现印装质量问题，影响阅读，请与印刷厂商联系调换）

开本：670mm×960mm　1 /16　　印张：12　　字数：200千
版次：2015年11月第1版　2015年11月第1次印刷

标准书号：ISBN 978-7-212-08296-3　　定价：36.00元

中文版序

向一切先进的学习，包括日本的

《日本人如何做细节》，新书翻译到中国，出版者颇为迟疑，因为国内充满了不同表达方式的对日情绪。这本书是日本友人川田修先生写的，从他以前出版的书题《公文包要放在手帕上》就能看出川田是一个善于做细节的人。

怎么做邻居，题目太大做不了；怎么吸收一切文明成果，却是不必讨论的。

我曾写过一篇文章《透过细节看日本》，发表在《中国商业评论》2006年第12期上。我在自己的博客里转发了，到笔者写这篇稿子为止，点击量366885人次，评论2924条，收藏者5人，还有25人转载。

虽然，网友留言中有这样的文字——

中国人：记得中国现代国际关系研究所的刘江永研究员在采访中说，我们中国过去遭受了日本那么残酷的侵略，受到了那么严重的民族迫害。我们民族身上有疮疤，这个疮疤谁也不愿意去揭，揭了很疼，甚至要疼到骨头里去。他认为，中国青年对日本的这些并不良好的看法恰恰是日本人不断地在过去的那段历史上大做文章，刺激中国人民的感情。

k你：好一个阴险毒辣的文章，利用小鬼子虚伪的一面来歌颂小日本，掩盖小日本对我中华所有的滔天罪行和小日本现在对我中华虎视眈眈的野心，麻痹人们！应引起高度警惕！

但更多的文字是理性的——

像猫一样生活：日本有你写得这么好吗？怀疑中。

日语学习者：汪老师您说得很对，中国是很多不如日本，我们自己也经常挂在嘴边说，可又有谁去找其中的理由呢！都知道环境改变人，人也可以改变环境啊！我们生活在一个和日本不一样的环境啊！我们要想改变环境那是个难啊！

仙宫湖人：这就是日本的文化，值得我们去学习。我工作迟一些回家，老婆就念叨：学校里就数你忙，别人早就回家了。我只是想做个尽心尽职的老师而已，没有别的。不仅是我老婆，很多中国人都这样，仿佛你不与别人一样就像是做错事情似的。

玉米：为什么日本会强大？我们该做的，更多的是反思和学习。建议每个憎恨日本人的中国人都好好看看这篇文章，在骂人之前，先想想，自己是不是做到最好了？自己是不是在为祖国的强大而努力工作？

Megumi：笑，我妈妈说，想看《透过细节看中国》。仔细阅读了老师的几篇文章，嘿嘿，都写得好有道理喔！如果被老师教，肯定很幸运啦。

黑睿随风飘：日本人这样的敬业尽管令人佩服，但我认为仅值得学习，不值得称道。如果一辈子工作很晚，梦也不做，委实无趣得紧。

中国是需要从日本学一些有用的东西，不要任何事物都像"抵制日货"一样简单拒绝。何况日货的确很难抵制，一周前纪念抗日胜利的阅兵；专业和非专业人士手头用的图像或语音采集设备，不少是"日货"，包括站在城楼上的人和中央电视台。

我去过日本9次，参观考察过日本丰田汽车、佳能相机、京瓷材料、朝日啤酒、三菱化学、松下电器、安川电机、佐川急便、双日商社等众多知名企业，也结交了一些日本朋友，包括官、产、学多个层面，不过没有结交过他们中的右翼人士。日本人的细节意识和做细节的功夫，可以说世人皆知。

在这里，我以我的所见所闻，拾贝般地整理出一些日本人的细节给各位看官讲讲。

先在酒店随手捡来一些细节：

酒店进门有免水洗手液；

床头的某处必然有逃生用的LED手电筒；

饭厅的汤锅有电子显示器清晰标注着温度；

投诉箱一侧备有纸笔；

公共厕所有挂包的钩钩和温水龙头指示；

可以算得上大美女的工作人员干修理灯箱这类粗活，都是跪下来的；

大型喷绘广告有一小点污点，用美工刀一丁点一丁点地挑掉。

再说说在东京秋叶原购物经历的或发现的细节：

我撕下的包装物没处扔，随手塞到了身边的警察手里。这位"日本鬼子"给我鞠了一个躬。

有的货品买不到，售货员很耐心地拿出商场的地图，在上面做出记号，不厌其烦地指导我怎么去找另外的柜台。

我们的人一上街，就开始"购买日本"，接待方请了一位留学生孟姑娘协助我们。一行15人，购物清单又长又杂，找柜台、确认品牌、询问产品指标等，小孟应接不暇，于是找来另外两位日本籍的私人朋友过来帮忙，其中一位还带来了一台小电脑，随时替我们上网查货品信息。

一哥们之前对日本存有很大偏见，在购物时发生大转弯。他要买一个朋友发来微信图片的水杯，柜台售空，只有样品，哥们说就拿样品吧，店员死活说不妥，就是要去别的店调货，查询、电话、确认、取货，为一个水杯着实忙了40分钟。

还有一天，游完皇宫，我们去银座，先吃午饭再购物。在饭馆坐下清查人数，少了一个人，导游只好返回地铁口等着接他。折腾一个多小时，耽搁了吃午饭，日本导游始终微笑着。

知名记者徐静波的微博配图讲到一个细节：日本药房给我配的药，单子上有各种药的照片、颜色、服用时间、服用数量、药性作用、注意事项。医生说，就是要做到不识字的老太太看了这个单子也不会吃错药。

很多人，总觉得谈论这些细节太琐碎。殊不知，这些细节反映出来的是一种态度，也是一种能力；更重要的，日本整个社会绝大多数人在细节上都做得很到位，这就非常不容易，只能被迫扯上"素质"说事了。

我再讲一个读书读到的非常重要的细节吧。日本《停战诏书》的开篇用到一个成语"义命所存"，用以解释为何终结战争，但天皇把它改为"时运所趋"。参与起草的学者安冈正笃认为，这一个用词的改变确是一个是非观问题。"顺从时代潮流的自然发展趋势结束战争,这种说法违反天皇的本意。但唯有超越胜败,遵从义命这一道良心的至上命令,才能树起天皇的威仪。"从这个细节中,也可以从一个角度看出日本天皇为何不为战争而道歉吧。

又一本书讲到,日本战败的时期,中国官员接受被日本人占领的院子。院落十分整洁,家具、门窗、地板一尘不染,玄关上的拖鞋摆得整整齐齐,连扫把、拖把都整齐地悬挂着,柜子里叠得方方正正的被子还有晒过阳光的味道。接收官员不得不赞叹:这是个可怕的民族!

这个民族确实可怕。当然,他们也还经常反省自己的细节疏漏或失误。各位记得几年前因为召回事件而泪流满面地向全球客户鞠躬的丰田董事长丰田章男吗?2013年丰田回来了,实现历史最好收益,他在2014年4月发表讲话:美国发生的大规模召回事件背后,反映出丰田忘记了本来的经营基础,只顾一个接一个建设新工厂,使欠缺细节的扩张主义蔓延。你看,是细节的检讨!

日本企业,不仅知名品牌甚众,而且长寿企业也特别多。2010年数据显示,日本企业124万家,1000岁企业5家,500岁企业30家,300岁企业600家。最古老的金刚组1400多岁,与存续约1500年的天皇家族接近。世界上最长寿的旅馆就是1330岁的日本法师旅馆,一个卖海带的明珍本铺621岁。据2011年韩国银行发布的报告书《日本企业长寿的要因与启示》的数据,世界上持续存在200年以上的企业5586家,分属41个国家,其中日本3146家,德国837家,荷兰222家,法国196家。

我调查过东京的日本桥一带,相当于国内一个工业园的范围,至今还保留着十余家100-400年不等的老字号店铺：西川产业成立于1566年，村田眼镜铺是1615年，海老屋美术店与越后屋和服店都是1673年，鱼肉山芋饼店神茂是1688年，漆器店黑江屋是1689年，山本山是1690年，鲣鱼干店是1699年，国分是1712年，八木长本店是1737年，刀具店木屋是1792年，榛原纸店是1806年，千疋屋总店是1834年，山本紫菜店是1849年，佃煮店是1862年。

不能说所有这些"老资格"长寿都是因为细节做得到位，但粗粗糙糙绝不可能持续至今。中国百年老店据悉不过区区16家。我们不应该思考吗？我们向日本学什么其实是不难分析出来的，但现在的障碍在愿不愿意学日本。

我的观点是：消化日本，而不是消灭日本。日本在甲午战争以前当了中国上千年的学生，我们落后了，就得习惯做学生。中国飞机误点很普遍，日本国内航班准点率95.9%，这类细节该不该学？中国汶川地震学生受害比例很高，日本只有学校的房子最坚固，一律兼作避难所，这类细节该不该学？

现任国防大学政委的刘亚洲上将在2003年6月接受采访时说过："划时代的军事思想和军事战略，大多是由侵略者那一方创造的，而由被侵略者那一方消化吸收，最终击败侵略者。"这段话总算再明白不过了。

在双日商社考察时，双日商社研究所的研究员小林正幸告诉我，日本企业振兴也是在屈辱中倔强地抬起头来的。1853年美国人来到开放的横滨，给日本人送上蒸汽车头的模型作为礼物，而日本人回馈的是相扑表演，美国领队佩里提督直叹"野蛮的民族"。日本人，知耻而后勇。

刚刚改革开放的1978年，长春一汽派出20人的考察团去日本丰田学习，为时一个半月。回国后请丰田的大野耐一来厂授课，建TPS样板线。不久，丰田派出专家朝仓正司到一汽现场指导。朝仓正司开会时直截了当地说："我知道你们每个人心里想说什么，那就是'打倒日本鬼子'。我希望你们打倒我，但是你们必须先强过我。"

　　我的好友、丰田研究专家河田信老师曾亲口跟我说："中国企业再不推行精细化管理就来不及了，会出大问题的。"同时他认为："中国企业如果空杯可以学成，应该比美国人更容易，天津丰田把25年的摸索用6年的时间学成了，当然大部分是新招聘的员工，老员工只留下了5%。新手是白纸，没有框框。"

　　向一切先进的学习，包括日本的。

　　是为《细节决定成败(Ⅲ)》之书序。

2015年9月10日于珠海阳台斋

学习、借鉴与超越
——我们还需要向日本人学细节吗？

记得2006年我第一次带企业研修班去日本学习的时候，我们拜访了日本大学商学院，商学院的李克教授与我们进行了交流。在谈到中日两国的交流时，他的一句话我至今记得，他说："在历史上，中国人给日本人当了上千年的老师，而现在人家比我们先进很多，我们放下身段向日本人学习比我们强的方面有什么不可以呢？"

从2006年到2015年，在这9年中，我9次带队去日本研修、学习，每一次都感到颇有收获。

而近年来，中日两国企业的交流也多少受到了政治因素的影响。现在是网络时代、微信时代，抵制日货的文章往往能引起很多人的共鸣。历史的东西当然不能忘记，但是，我们不忘历史，是为了更美好的未来，而不应该世代传播仇恨，甚至像少部分很愤青的人一样动不动就要叫战。

人类文明发展到今天，大国之间秀秀肌肉可以，但还会发动大战吗？我记得爱因斯坦说过一句名言："我不知道第三次世界大战人类将会使用什么武器，但我知道第四次世界大战所使用的武器一定是石头和木棒。"

中国经济迅猛发展到GDP世界第二，我们的国民如何保持平和的心态很重要，也要努力学习如何做一位"大国公民"。我们要清醒地认识到，我们现在只是"量"上去了，在"质"的方面与发达的欧美国家、日本还有很大的差距。今年春节前后，国人去日本狂购马桶盖、电饭煲说明了什么呢？我们对自己的产品并不信任。对此，有的人以一贯的思维又扔出了爱国不爱国的大帽子，何必呢？

有一次，在一个微信群里，一位群友反复发送抵制日货的帖子。我说了一句，现在已是全球化时代，不能再玩义和团了吧？那位群友立刻跟我急了。我说："你先别急，我问你用什么手机？"他说："两个，一台苹果，一台华为。"我说："苹果手机的核心部件36%以上是日本公司制造的；华为手机别的不说，屏幕、摄像头都是日本公司制造的。你如果抵制的话，把你的两部手机先都砸了，我佩服你。"那位群友说："真的？"再也不说话了。

我们一方面呼吁抵制日货，一方面又是日本第一大旅游人数输出国，这不是莫大的讽刺吗？其实，去日本旅游、学习的人多了不是什么坏事。我们每个人去，都能感受到"日本人的细节"与"细节的日本"。日本各商店服务人员那种甜美的微笑和精细的服务，我们不应该学吗？日本人做事考虑长远、精益求精的作风，我们不该学吗？日本全国不论大城市、小乡镇都惊人的干净，我们不该学吗？

2004年1月，我策划的《细节决定成败》一书出版，很快成了风靡全国的畅销书，历10年而不衰，这证明了我们的同胞还是深刻地体会到了"细节"问题的重要的。

实际上，我们国人不是做不好细节。汪中求老师在《细节决定成败》一书中说："细节源于态度，细节体现素质。"只要我们态度到位，没有什么做不好做不到的细节。

九·三阅兵大家都看了，世界上有哪支部队能走得像我们的子弟兵这样的整齐？没有！世界上有哪个国家和地区能把阅兵的细节安排得如此到位？没有！再看看关于阅兵的另一篇报道——"阅兵，吃什么！国宴中的最顶级饭局，带你开开眼"，真的让人开眼呀！看看那菜单，看看那菜品，再看看那摆台、餐具布置，再看看那国色天香的服务员一丝不苟的接待流程……上菜的时间精确到秒，330多位嘉宾，每人10道菜，加起来就是3000多盘，绝对不能有半点马虎。

谁还敢说我们国家做不好细节？！可叹的是，我们能做好细节，而很多事很多时候，我们没有做好，不然的话，我们就不会有世界上最高的生产事故伤亡率；我们就不会有一年50万起交通事故，20多万人的死亡，连续10年排名世界第一……

去过日本的同胞都对日本注重细节印象深刻。在这方面，日本人确实值得我们学习。所以，我们北京博士德文化与时代出版集团安徽人民出版社联手引进了川田修先生的《日本人如何做细节》一书，让我们从点点滴滴感受日本人如何做细节。我们把本书列入《细节决定成败》系列，以使大家更好地学习、借鉴与超越！

未来10年，将是中国社会发展的关键10年，也是经济转型、产业升级的10年。什么能使我们的社会成功转型呢？一定是公民本身、公民素质！

最后，把美国著名民权运动领袖马丁·路德·金的一段话送给大家："一个国家的繁荣，不取决于它的国库之殷实，不取决于它的城堡之坚固，也不取决于它的公共设施之华丽，而在于它的公民的文明素养。"

共勉！

朱永月

2015.9.15于北京

原版前言

"川田先生，我觉得您对商品并不是了如指掌，而且也算不上是多么聪明的销售人员吧！"

偶尔就会听到后辈们对我这样说。仔细一想，这种评价虽然有些不礼貌，但我没有半点不服气。心里一边想着"是啊，因为我根本不认为这些是重要的"，一边微笑着说"确实如此"。

说实话，我并不擅长"学习"。不读书，也几乎不看报。

但是我善于"倾听""交谈""观察他人"，最喜欢和"人"打交道（虽然我有点认生）。

尽管这样，我还是在保德信人寿保险公司的2000名销售人员中取得了第一名的销售业绩，并且出版了《公文包要放在手帕上》（钻石出版社出版，是一本完全不涉及销售技巧的销售类书籍）一书。

这本书竟然成了国内的畅销书籍，意想不到的事情也接连发生。

首先，我收到全国很多公司的演讲邀请。这些公司涉及各种行业，除了银行、证券、信用金库等金融机构外，还有婚介所、建筑公司、殡葬公司、律师事务所等。真可谓承蒙各行各业人士的厚爱。

同时，这本书也相继在韩国、中国台湾地区翻译出版，预计今年将在中国大陆出版。并且，我曾应邀去韩国给3000多人进行演讲。

通过与这么多人的相处，我得到的最大感触是：不管在哪个国家，不论是哪个行业，都应发挥"人"的作用。

除了演讲，能不能再做点什么来给销售以外的行业也提供点力所能及的帮助呢？正在我这样考虑的时候，朝日新闻出版社的朋友建议我以"细节"为话题再写一本书，我当时就觉得"太棒了"！

除了销售业之外，细节对于其他行业来说不也是非常重要的吗？

成功公司的经营者、业绩突出的生意人，或者是红火小店的店主和店员……

邂逅这些人的时候，或许会对他们无意中的话语心生感激，会被他们寻常的举止所感动，甚至会在不知不觉中变得激情澎湃。我能深切地感受到存在于细节中的令人为之震惊的一些东西，但究竟是什么东西呢？这就是本书的目的所在。

本书也不是关于销售技巧的，它罗列出了至今为止让我感动过的细节，并给出了实践方法。

每个细节都不是什么重大事件，但我相信，它们肯定会带给你很多工作和生活上的启迪！

川田　修

原版序言

川田先生的另一面

朝日新书 编辑

最初约见川田先生的时候，是他亲自到朝日新闻出版社这边来的。我从事编辑工作这么久，还是第一次碰到有作者主动到出版社来谈问题。

因为是在拜读了川田先生的《公文包要放在手帕上》后，我主动提出希望他能再写一本关于"细节"的、有普遍适用性的书，所以本应该我去拜访他才对。

但川田先生却说："既然是第一次见面，就更应该我到贵公司来了，正好我也想感受一下这里的人文气氛。"谈话就在这种融洽的气氛中开始了。在这个过程中，川田先生时不时地观察一下我们会议室的桌子，仿佛在看一个稀有物体似的（现在想来，终于明白这个动作和他本人实在是太相符了）。

听说，川田先生当时收到了很多出版社的撰稿邀请，每次商谈都是他亲自到出版社去的。

"我觉得'细节'这个话题还挺有意思的，请让我再考虑考虑！"第一次的谈话就这样结束了。

其实，那天我非常期待的还有一件事，就是想看看写礼仪畅销书的川田先生到底是一个多么注重礼仪的人。

最后，川田先生是毕恭毕敬地、深深地鞠了一个躬之后才离开的。

一年后，川田先生终于同意执笔此书。

"细节不仅仅是销售人员应该注意的问题，对我这样的编辑来说也是必不可少的。在公司中也是一样，一丁点儿的细节都可能关系到工作能否顺利进行。"我刚发表完自己的观点，川田先生就补充道："工作中当然是这样的，可是绝不仅仅局限于工作。如果我们每个人都能比现在多注意一些细节的话，整个世界肯定会有很大改善的。"

例如，亲自为大家推着门，直到所有的人都进来；看到哪里有垃圾，马上清理掉；妻子做好饭菜后，一定好好表示感谢……如果能注意到这些细节，那么大家应该会生活得非常快乐的。

这本书名字叫作《日本人如何做细节》，但细节并不只是针对于工作，川田先生想要讲述的是一种整个社会生活都不可或缺的细节。

细节达人川田先生的视角是敏锐的，书中很多地方都会让人点头称是，我本人也从中受益匪浅。并且，字里行间都流露着川田先生"对人类的热爱"和"渴望社会更加和谐"的迫切愿望。

下面，请大家尽情翻阅川田式"细节世界"中的精彩篇章吧！

目 录

第三章　成功者定是细节达人

第四章　遗憾的瞬间——如果注意到了细节该多好

第五章　细节意识养成法则

第一章

小事成就大事
细节成就完美

第一章

小事成就大事，细节成就完美

一杯茶水，改变对一个公司的印象

我从事的是营业性工作，每天都要走访各种各样的公司，几乎每进入一个公司，都会有人给端茶倒水。

对于我这样的销售来说也好，对于单纯拜访的客人来讲也罢，一杯茶水确实能使人感到欣喜：在烈日炎炎的夏天可以让你清凉解渴，在寒风凛冽的冬日又能帮你暖和身子！真可谓体贴至极！

不过说实话，我并不怎么喜欢喝咖啡。

当然，无论人家公司给端什么茶倒什么水，我都是很感激的，只是我个人几乎不喝咖啡。

我在拜访某个公司时曾发生过这样一件事。

当我在他们办公室一边的洽谈用桌旁等人的时候，我突然发现

桌子上放着一张类似咖啡店酒水单的东西。拿过来一看，果然是饮料单子，上面列着热咖啡、冰咖啡、红茶、冰红茶、橙汁、乌龙茶等。

这时，一位女士走过来问道："请问您想喝点什么？"

原来，**这个公司是想让客人选择自己喜欢的饮料啊！当然，都是免费的**！

"这想法真是太独特了！"我不禁这样感叹。

即使客人什么都不点，她也会端上一杯咖啡。这种无微不至的关怀实在令人感动。

不过，除了我以外，应该还有很多人也不喜欢喝咖啡，或者有的人可能对茶过敏，再或者有的客人恰好在上一家公司喝过咖啡，现在想喝点别的也说不定。

这个公司丰富的想象力实在令人惊叹。他们把这些情况都设想到了，最终采用了这样的方案。

根据客人们的喜好，提供不同的饮料，这也许是稍加用心就可以想到的事情。

然而，**如果一个公司对待一杯茶水都这么用心的话，那么它对待客户、对待合作方、对待商品等所有与工作相关的事宜肯定是相同的态度**。

一张小小的茶水单，不仅体现了一个公司独特的想象力和行动力，而且凝聚了它的细心周到、热情好客等所有的魅力元素。

实际上，这个公司的业绩也确实在不断攀升。

另外，还有这样一家公司。

同样是由于业务前去拜访。对方给端上茶水之后，我尝了一口，不想，居然是**昆布茶**[1]。而且这是用纯海带沏成的，味道醇香浓郁。

"好香的昆布茶！"我情不自禁地说道。"不过，为什么不给客人喝普通的茶，而是昆布茶呢？"禁不住好奇心，我便询问了一下。

对方是这样回答的："川田先生，由于工作的关系，您肯定去过不少公司吧！是不是哪家公司都是上绿茶、咖啡之类的？提供橙汁的肯定都是少数。但我们觉得，**既然要提供茶水，为什么不来点独特的让客人也耳目一新呢？**"

多好的想法！

之后，我对昆布茶的纯正味道回味了许久，当然更多的是有感于公司的这份良苦用心。连这种细节都考虑到了，这家公司怎能不出色呢？

我深刻地认识到，所谓在细节上的用心，就是这样从对方的角度出发，充分发挥自己的想象力。所以，注重细节也是一件富有创造性的事情。

不过，想是这样想，实际操作起来还是有一定难度的。

1　昆布茶：别名海带茶。用优质海带干燥后捣成粉末，配入食盐、砂糖等调味品制成的饮料。人们通常在家中饮用，很少有公司会将其沏给客人喝，而且最近纯昆布茶也越来越少见。

"这样做的话，对方会高兴吗？"

这种想法可能很多人都有，但多数情况下也只是停留在"想"上，还没付诸实践便不了了之了。

所以，即便是细枝末节，也是要全面考虑并落实行动的。

这样的公司，没有理由业绩不突出。

无论是饮料单还是昆布茶，都只是细枝末节。可是，能不能注重这些细节，却有了很大的差距。

无关紧要的一杯茶，却又是影响巨大的一杯茶。

正因为照顾到了细节，所以很多人都蜂拥而至，公司自然也会取得好的效益。

酒馆老板鞠一躬，意外拉到回头客

这是我下班后和朋友去市里的一个小酒馆时发生的事。

环顾店内，可以发现：墙上贴着用毛笔书写的酒水单，一共摆着3张桌子，后面还有一个大概可坐6个人的吧台。这是一个传统的小酒馆。

虽然样式不能算新颖，但是干净整洁，洋溢着令人愉悦的气息。

就是这样一个不起眼的小酒馆，我们来的时候已经人满为患。

在门口排队等了很久，却始终没有座位空出来。

"哎，这么等下去也不是个办法啊！"

"还是去别的地方看看吧！"

我们是第一次来这，饭菜闻起来很香，实在是想在这种别具一格的热闹氛围中喝两口。无奈没有位子，只能作罢。

"老板，先走了，下次再来啊！"

我们向正在柜台忙碌的大叔打了个招呼，便出来了。

一般情况下，老板只需说一声"不好意思"之类的话就可以了，但是这家店却不一样。

我们从酒馆走出来后，这位大叔急忙从厨房后门追赶上来，然后向我们深深地鞠了一躬："实在是非常抱歉！"他的声音中也确实充满了内疚。

大叔身穿T恤衫，一看就是干了好多年。他的店是一个非常普通但干净舒适的小酒馆，和服务周到的高级餐厅相比，简直形成鲜明的对照。

尽管这样，店老板的那份真诚依然给我留下了深刻的印象。

如果我们是老顾客，受到这种待遇，倒还可以理解。可我们那是第一次去啊，而且当时座位都满了。

那应该是一个家族经营的小店，所以大叔才会忙得不可开交。这种情形下，单是从柜台出来，对顾客表示一下歉意，就已经算很好的服务态度了吧。

可这位大叔特意从厨房跑出来，给我们低头道歉，真不是一般人能做到的。

大叔目送着我们离开了那个小酒馆。可从那一刻，我心里就暗暗决定："这个酒馆真不错，一定要再来一次！"

大叔这个出人意料的举动冲击到了我的内心！

算一下时间，那不过是几十秒钟的事。可这几十秒带给我们的影响却是巨大的。

虽然那天没能排到座位，但已经完全能够感受到这份舒适了。我想：既然店主对每一位顾客都这样关怀备至，那么饭菜肯定也会非常美味的！店里其乐融融的氛围也必定来源于此！

关爱每一位顾客——我想这是所有公司、所有行业的共通点。可能够做到的又有多少呢？

即使打出这样的口号，想必落实起来也会困难重重。

对于公司来讲，再响亮的口号也是靠着一点一滴的行动来完成的，正是这些细小的行动积累，塑造出了外界所看到的公司形象。

对于个人来说，如果真的能发自内心地对每个人都无微不至地关心，那么他在工作中肯定也能取得好的业绩。

从另一个角度讲，这位酒馆的大叔仅仅用一个几秒钟的鞠躬动作就成功地拉到了我这个回头客。

当然，那位大叔当时只是单纯地想表达歉意，而并非为了拉客才那么做的。也正因为如此，我才越发地心生赞叹。

大概和我有同感的人还有很多，所以那个酒馆才总是有那么多人光顾吧！

后来，我真的又去了一次，这次很容易便找到了座位。店面装修虽然有些落伍，但味道真的很不错，店员们也都精神饱满。我想，能做出这么美味的饭菜，靠的不仅仅是材料本身的味道吧！

一流的酒店必有一流的清洁工

还有另外一个礼仪做得非常到位、考虑非常周到的例子。这是我在大阪演讲期间入住五星级酒店时遇到的事情。

我要回自己的房间必须穿过一个走廊。有一天，正好和一个女清洁工在走廊擦肩而过。

一般在这种情况下，多数清洁工都会目光下垂、微微点头之后便匆忙离去。可是这位女性没有。

在擦肩而过的一瞬间，她突然停下了脚步，向我郑重地颔首点头之后才离开。

我不禁在内心暗暗称赞：真不愧是五星级酒店！

其实，真正触动我的是那位女清洁员在向我点头寒暄时竟然停了下来，这种沉着冷静的举止肯定只有五星级酒店的清洁工才会有。

通常来讲，酒店清洁工这类"幕后工作"的人不应该是来去匆匆的吗？

不管在哪个行业，所谓的幕后工作就是不想让客人们接触到的事情，像这样的高级酒店更应如此。

清洁工们能够清楚地认识到自己属于公司的幕后人员，所以在走廊碰到客人时，便会产生一种内疚感。也正因为如此，多数人都会选择礼节性地点头寒暄之后，便快步离开。当然，这也是周到服务的一种外在表现。

但相比之下，那位女性沉着冷静的举止给我留下的印象更加深刻。

在国外住酒店时你会发现，每个国家的习惯是迥然不同的。有的柜台处会堆放办公用品或一些硬纸箱，有的酒店从外面也可看到走廊的样子。

而在日本的酒店中，是绝不会允许这些东西出现在表面的。日本人对顾客无微不至的关爱，也令其他国家赞不绝口。

应韩国企业的邀请进行演讲时，经常听到对方"还是日本的酒店好啊！""服务特别周到、关怀无处不在"等诸如此类的称赞。作为一个日本人，每次我都感到无比自豪。

幕后的事物不让客人看到——这恐怕是只有日本才有的关怀吧！

当清洁工因不想被看到而产生内疚心理时，客人也会因看到了不该看的事而觉得不好意思。不过，像那位女性一样，停下脚步来向客人行礼寒暄——虽然只是一个小小的细节，却会让客人消除歉意，变得心情舒畅。

即使是幕后的工作，有时也能给人留下深刻的印象——尽管这只是一个不到十秒钟的举动。然而，这种注重细节、积累细节的方式恐怕是做任何工作都不可或缺的。

老早就听说过前台的处事能力决定了一个公司的口碑，不过在服务行业，特别是高级酒店中，清洁人员也应该是一流的！

第一章

小事成就大事，细节成就完美

由抵制到推崇的转变

小事成就大事，细节成就完美。通过和一位对人寿保险极度反感的社长[1]的结识，我对此有了切身的体验。

顺便问一下，大家对"推销人寿保险"是怎么看的呢？

作为一个人寿保险的销售员，我见过的客户也上千了，但遗憾的是，这个职业似乎并不受欢迎。

恐怕多数人对这类工作都没有什么好印象吧！

甚至包括我自己，在从事这份工作之前，总觉得人寿保险说白了就是用人的生命来做交易，所以也曾极度厌恶（当然，现在已经转变观点了）它。

---

1 社长：日本的公司一般称为"会社"，其首脑人物被叫作"社长"，相当于我们所说的"老板"。

经朋友介绍认识的某个地方性知名企业的社长也是这样一个人，而且，其反感程度不是一星半点儿。

"有关寿险的话，我一句都不想听！"

我从东京飞到这里专程来拜访他，没想到刚一见面他就双手抱臂、表情严厉地放出这样的话。

"川田先生和其他的寿险销售员是不一样的，先听他说两句怎么样？"给我们做介绍的朋友不断地替我说好话，但也无济于事。

"一切关于寿险的都免谈！"社长始终坚持着这一点。不管怎么说，寿险的销售员也并不罕见，可他的反感似乎到了抵制的程度。

"那下面就请川田先生来说吧。"

朋友一边苦笑着一边把话头抛给了我。我想了想，询问道："贵公司大概有多少名销售呢？"

他见我问了一个跟人寿保险毫无关联的问题，难免有些吃惊，于是勉强地回答说："嗯……有几百人吧！"

"哦，是么！销售情况怎么样呢？"

"什么样的客户群体居多？"

……

我追问着类似的问题。

从东京专门坐飞机来到这里，本来就是想谈人寿保险的，可现在连个"人"字都没提，净问一些无关的问题了。他肯定在想：这家伙是怎么回事？事实上，不光是针对这位社长，对其他客户也是

第一章
小事成就大事，细节成就完美

一样，在第一次见面时我通常是不会谈寿险的。

为什么呢？**因为在你对一个人、对一个公司全然不知的情况下，是不可能把东西卖出去的。所以我们首先要了解对方的想法，看他有着怎样的文化特质。**

这就是我销售的第一步。由于对方是一个公司的社长，因此我想最先了解的就是这个公司的详细情况。

而且，因为我是做销售的，所以通过谈销售来了解社长的人品和公司的情况是最好不过的了。

最初一脸严肃的他在谈论起自己公司的销售人员时，也渐渐地变得口若悬河了。最后，他热情地对我说："其实销售真的是一件非常有意思的工作！"然后就开始分享他最近遇到的事情。

"川田先生啊，说起销售，有一位顾客曾经对我们进行过批评，也正是这件事，给我们很好地上了一课。"

事情是这样的：

那个公司的一名销售员在客户公司的客人用停车场停车的时候，对方抱怨道："为什么做销售的就得把车停在入口处呢？一会儿还会有其他客人来的！"

"我听了事情的始末之后觉得对方的指责很有道理，**于是就给整个销售团队下了一条命令——禁止将车停在客户的客人专用停车场内。**"

听完他的描述，我内心为之一振。

其实我平时就非常注意这种停车时的细节，不要说客人专用停车场了，我每次都是停在离对方公司最远的一个角落。

我们这种销售人员充其量只能算"访问者"，根本称不上"客人"。

这也正是我非常注重的"小事""细节"之一，而且在拙著《公文包要放在手帕上》中也有提到。

当然，拜访的那天我也是把车停在了离他们公司门口最远的地方。

朋友当场把这件事告诉了那位社长，他听后非常吃惊。

回去的时候，社长一路送我们到楼外，正好也看到我们向着最远的那辆车走去。

最终，那天的谈话自始至终都在围绕销售进行，人寿保险的事情连提也没提，我便返回东京了。

一个月后，我突然收到了一封邮件。

冒昧打扰，还望见谅。我们虽然仅有过一面之缘，但也曾彼此忠言相告。

那天聊得非常愉快，所以后来我拜读了川田先生的《公文包要放在手帕上》，并且读了两遍。我给公司的销售员们每人发了一本，并且要求他们上交读后感。为了正确掌握川田先生想表达的意思，所以就多读了一遍。

第一章
小事成就大事，细节成就完美

其实呢，我是有事情要拜托您——希望您能出席鄙社的研修会并能担任讲师。

虽然是个不情之请，还望您能考虑。

（注：经作者授权同意，此处可以引用邮件的原文。）

想不到吧，竟然还有这样的事！

时至今日，我一次都没有和那位社长谈过保险的事情。既然他认为买寿险没有必要，那么可能以后也不会有机会谈了。

作为一个销售，我应该算是失职的，因为最终并没有把产品卖出去。

但是我相信，通过停车这件事，社长对人寿保险的印象多少会有所改变。而且更重要的是，我和他借此结下了很深的缘分。

虽然有点自吹自擂的味道，但那确实应该算是一件了不起的事！

缘分这个东西是令人难以捉摸的。那位社长也是一样，说不定哪天就会成为我的顾客了呢。

当然，即使不买我的产品也没有任何关系，因为他已经开始接受曾经极度反感的事物，并且还邀请我去做演讲。这一点就足以使我感到欣慰了。

注意把车停到合适的位置，这确实只是件不值得一提的小事。

可就是这样琐碎的小事，竟能在工作和人际关系中起到如此重要的作用！

工作的成败，99%取决于细心——我始终是这么认为的。

餐馆的赠品带来的触动

事情发生在北海道某个小镇。办完公事后，我和3个朋友去一家烧烤店吃饭。

店面虽小却热闹非凡。老板娘1个人顶3个，忙得不亦乐乎。

柜台处并排放着几个竹篓，里面很随意地摆着远东多线鱼[1]和鲑鱼[2]的鱼干。

小黑板上列着的菜单中有些酒水和饭菜的标价竟然是"时价"，一看就知道老板娘是个爽快的人！

---

1 远东多线鱼（Pleurogrammus azomus）：六线鱼科海水鱼，全长约40厘米，体暗褐色，腹部较淡，是鱼糕的原料，栖息于沿海较深处岩礁地带。在日本，分布于本州北部、北海道。

2 银鲑鱼（Patagonian toothfish）：小鳞犬牙南极鱼的通称。名叫银鲑鱼，却不属于鲑科，而是鲈形目南极鱼亚目南极科的一种，在日本也通称"Mero"。

点了几个菜我们便开吃了，上菜的时候却多端来了一份新腌的咸菜。正当我纳闷的时候，老板娘便用一副满不在乎的口吻说道："赠品，尝尝吧！"

可这分量也太大了吧，怎么都不可能想到是赠的！

特别是那山芥末，好像是这家店的特色菜品，堆在盘子里像座小山一样，我们三个人是无论如何都吃不完的。

据说山芥末是北海道的特产，略呈白色，虽然很辣，但是就着生鱼片一起吃还是非常不错的。也可以在刚出锅的热米饭上抹点，再加点酱油，简直是人间美味。

多亏了这山芥末，我们每道菜都吃得津津有味。快吃完的时候，老板娘竟然又送来一份苹果冰激凌——**把整个苹果切成两半，将里面的核挖出来之后，再加满冰激凌。一般来讲，这也算是一道奢华的甜品了，没想到竟然也是免费的！**

享用完这份美味的惊喜后，已经很饱了。但就在无意间浏览菜单的时候又发现了一道很诱人的菜——软煮章鱼。

虽然很想尝尝，可实在是吃饱了。而且这家店的每道菜都分量十足，所以即使点了肯定也吃不完。如此纠结了一会儿，最终还是没能禁住美食的诱惑，便把老板娘叫了过来。

"这个'软煮章鱼'就是把章鱼煮得很软吗？"

"嗯，不仅煮得很软，而且特别香！"

老板娘回答的口气虽然有些生硬，但又让人觉得很温暖。我更想尝尝看了。

"嗯……能不能尝一点呢？当然，我会付钱的。只是要一份太多，吃不完……"我随口说道。

老板娘听后，直接打开冰箱，切了几片煮好了的章鱼放在一个小碟子里给我们端来了。什么话都没说。

难道……肯定是的！这也成免费的了！

尝了尝，果然如老板娘所说，又软又香！

没过多久，店里就只剩下我们几个了，于是把老板娘也叫过来，边喝酒边聊天。

"您这小店啊，不光菜做得好吃，而且有特色，能让人感觉到您是在很用心地经营！"享用了这么多美味可口的免费饭菜之后，心情也变得异常舒适，于是就开始和老板娘聊天。

可没想到，老板娘仍然用那副略带生硬的口吻说："有吗？"边说着还边给我倒酒。

"大概因为我爱这个店吧。"老板娘刚喝了一口啤酒，说话有些含糊不清了，"但我不会故意谄媚地巴结客人。希望客人们也是因为喜欢这个店才来这儿的！"

我平时是不怎么喝酒的，可听着老板娘说话，竟不知不觉地端起酒杯，等意识到的时候，杯子已经空了。

老板娘发现后，竟又一次给我们加满了！

后来加的这些啤酒肯定也不会算钱的了。一杯也就罢了，可她连续两次给我们倒酒，而且我们是3个人，加起来就是6杯！这种餐馆实在是不多见！

若要算算金额的话，加上之前的山芥末、苹果冰激凌和软煮章鱼，这得多少钱啊！

面对这位慷慨大方的老板娘和这些彻头彻尾的免费赠送，我简直惊呆了。

当然，老板娘作为餐馆的经营者，肯定也是在计算过成本之后才提供赠品的，她的目的也许是希望有更多的人能再次光顾。可不管怎么说，做到这种程度还是很不容易的。

为顾客提供满意周到的服务，使他们成为自己的常客，恐怕这是任何一家店都希望实现的吧！但这是一件多么难的事情！

那天晚上，亲身体会了老板娘为此而做出的努力，实在是受益匪浅。

"这家店令人心情舒畅啊！"

"是啊，老板娘太厉害了！"

吃完离开后，走在雪花飞舞的寒冬深夜，身心却感到温暖。从那天开始，我们3个人都成了这个烧烤店的粉丝。

如果以后还有机会的话，我一定会再到那里去的。不是为了享受免费的待遇，而是想再见见那位老板娘。

筷子给你，包装袋给我

这也是我因商谈企业保险合同事宜而到某街区的一个公司出访时发生的事。

"没有员工和员工家庭的幸福，就没有公司！"

这里的社长是一位极其注重员工幸福感的人，所以我能猜到，见面的时候他肯定会这么说。

在一次谈话中，他突然这样问我："川田先生，你说公司怎么就没有'快乐'这种福利呢？"

"有啊！**有个公司在员工结婚周年纪念日时，会请这对夫妇到社长常去的餐厅吃饭，就当是礼物了。**意大利餐厅、日式餐厅、法国餐厅……总之会罗列出好几种供员工选择。"

小 事 成 就 大 事， 细 节 成 就 完 美

我向社长描述着自己知道的例子。

"哈哈，真是太有趣了！"社长认真地听完后好像发现了新大陆一样，十分欣喜。

等到再次见面的时候，他就迫不及待地告诉我："上次说的那项'福利'，我们也实施啦！"原来，上次说完后他就立刻通知了全公司。

就是这样的一个社长经营着这样的一个公司——上下级之间没有隔阂，50来名员工都相处得很融洽，工作氛围轻松而又愉快！

忘记那是第几次拜访了，由于签合同的手续有些烦琐，办完之后已经很晚了。向窗外望去，发现员工们正在外面的空地上张罗着室外烧烤。

听说是为了招待一位从金泽[1]来的客人，准备办一场烧烤party（派对）。

"室外烧烤？"我百思不得其解，于是向社长询问原因。

"是这样的，金泽那种地方，什么餐厅没有啊？所以如果到外面去吃饭，客人肯定不会觉得新鲜的！倒不如自己办个party，这样更有意思。况且客人好不容易来一趟，也希望他能和员工们多交流交流。川田先生也一起吃点吧！"

"不了不了，我还有其他工作呢！"我连忙谢绝。

"一起来吧，这也是工作啊！"

盛情难却。看到社长的妻子都来了，我也不便推辞，就同意了。

1　金泽：日本本州中北部日本海沿岸港市，石川县首府，北陆地方最大的都市。

从办公室出来朝空地走去，看到员工们有的在烤肉，有的在炖猪肉酱汤……大家都在忙碌着，热闹非凡。

夜幕时分还是有丝丝凉意的。我走近烧烤架，把手伸到炭火上，刚想取取暖，便听到身后传来一个声音："给您！"

回头一看，原来是一个年轻的小伙子正在给大家分发带着包装袋的简易筷子。可能是因为火生得太旺了吧，他已经满头大汗了。

"哦，谢谢！"我边答谢边伸手去接。

"把袋子给我吧！"他刚说完，就"嗖"的一下把包装袋给抽走了。

"哦——"我一时没有反应过来。

如果只想分筷子的话，完全可以事先把包装袋都取下来的啊。可这位小伙子却先是把包装得精美完好的筷子双手礼貌地递出来，等我接过来之后，他又迅速地把包装袋取下去。

客人在用筷子的时候包装袋会无处可放，也许是想到了这个问题，所以就提前一步采取了措施。多么周到的服务！如今，也许只有高级餐厅、日式老店的服务员和接受过服务礼仪培训的人才能做到这一点吧。

可是这个就职于普通公司、来自乡下的木讷寡言的年轻小伙子竟然也如此的体贴入微，实在令人钦佩！

仔细想想，这是不是因为社长平时细致周到的习惯影响到员工了呢？

在那位小伙子取下包装袋的一瞬间，浮现在我脑海里的是社长

第一章
小事成就大事，细节成就完美

谈到员工福利时幸福灿烂的笑容和响亮有力的嗓音，是员工们精神饱满地工作的场景。那一刻，这一幕幕都串成了一条线。

于是我暗自心想："看来我又要与一个优秀的企业结缘了！"

据我所知，多数公司都会通过规章制度和行为守则来规范员工的一举一动。例如，为了方便下一个人使用，复印机用完要这样放，碎纸机要那样摆，等等。这样的话，员工们通过遵守规矩就能给他人带来方便。

但这个公司不是这样的，同事间之所以能够融洽相处，靠的不是什么制度和手册，而是一种互相关心、互相体谅的工作氛围。所以在对待我这个外人的时候，也就习惯成自然了。

当然，也有可能这只是我的猜测，年轻男子取掉包装袋也许只是一个偶然的动作。不管他的初衷是什么，我在当时确实切身感受到了被关心的幸福。准确地说，是那个公司到处弥漫着幸福的味道。

所以我暗下决心：这个公司肯定还会发展壮大的，如果我以后能帮上什么忙，肯定会鼎力相助！

也许你会觉得：不就是一双筷子嘛，何至于这样小题大做？

但我认为，**一个公司的企业文化正是通过琐碎的小事来体现的**。想想看，像这样一个已经将"与人方便"形成生活习惯的公司，怎么能不快速成长呢？

通过一双筷子也能反映出平日的行为。不，通过一双筷子足以反映出平日的行为！

　　过了几日，我有机会再次拜访这家公司。突然发现，来的时候第一个说"欢迎"的人、走的时候第一个站起身来说"谢谢"并目送我离开的人，都是那位年轻小伙子。

第一章

小事成就大事，细节成就完美

跳槽的契机——随身携带的鞋拔子和字迹拙劣的明信片

有时候，人们会有感于微不足道的细节，进而做出一生中重大的决定。

其实，我自己就是一个很好的例子。

在这一章的最后，想和大家分享一个令我做出人生中重大决定的故事，也算是个自我介绍吧！

少说也是15年前的事了。那时我28岁，大学毕业后进入瑞可利株式会社[1]工作，专门负责学校方面的招聘和推广。

进入公司5年后，工作方面已经能够得心应手，业绩也在稳步攀

1　瑞可利株式会社（Recruit Co., Ltd）：日本最大的人才综合服务和信息服务集团企业，其业务领域涵盖就业、升学、结婚、旅行、美食等方面。艾杰飞（RGF）中国即为瑞可利株式会社在海外使用的品牌。

升，并且曾多次获得"部门内最优秀销售员"以及"全公司年度最佳销售员"的表彰。因此我对这份工作越来越有热情，常常自信地认为"自己也算是个不错的销售员了"！

可是有一天，妻子突然对我说："我们马上就要要孩子了，是时候慎重地考虑买份人寿保险了。"

我听了之后是很震惊的。前文已经提到，当时我对人寿保险是有一种莫名的厌恶情绪的，所以每次有人来推销的时候我都会一口回绝。

"我们明明刚结婚不久，怎么就开始考虑死亡的事情了呢？"

虽然我心里这样嘀咕，但是妻子的想法也不无道理，所以决定以后有机会先了解一下。

终于有一天，保德信人寿保险株式会社的一名销售员来我家了。这个人的前一份工作和我一样——在瑞可利株式会社做销售。他是我妻子原来的上司，跳槽进入保德信人寿保险株式会社之后，曾成功地说服妻子买过一份寿险，而且那天正是妻子把他请到家中来的。

"所谓的人寿保险，就是将人与人之间的关心变得形象化的一种方式。"

谈话就这样开始了。他没有进行任何关于商品的介绍，也没有采用强制或是引诱的方法，而是通过一个个简单易懂、生动形象的小故事将人寿保险的作用和必要性进行了详细的说明，最终连本来毫无兴趣的我都听得入迷了。

第一章
小事成就大事，细节成就完美

听完他的讲解后，我突然意识到自己之前对人寿保险有多大的偏见：明明不了解一件事物，却莫名其妙地讨厌它！

所以，最后我们约好了下次见面时介绍介绍产品。

他离开时，我送他到门口，顺手把鞋拔子[1]递过去："来，用这个！"

完全没有料到的是，他手一摆："谢谢，不用了！"说着便从西服衣兜里迅速掏出一个随身携带的鞋拔子来，干净利索地把鞋穿上，然后精神抖擞地离开了。

"好酷啊！"我被他熟练、利落、潇洒的动作震撼了，直到他的背影消失不见后才回过神来。

正如一流运动员的动作一样近乎完美，我觉得他这一连串的行为举止全都散发着顶级销售员的气息。

与此同时，最让我感到不可思议的是——他竟然会随身携带"自己的鞋拔子"！

而在当时，同样作为销售人员的我在拜访客户的时候，不要说用鞋拔子了，通常都是把食指放在脚后跟一提就行，甚至有时候直接把脚尖在地上磕几下也能穿上。

至于我被授予的最佳销售员表彰，虽然可以说明我具备了一定的销售能力，但在他面前，真是小巫见大巫了。我从来没有意识到，单是穿鞋的方法就可以改变自己在别人心中的印象。同为销售

---

1 鞋拔子：又叫鞋拔、鞋溜子。把鞋拔放入鞋后跟，只要踩一下，就可以轻易、快速地把鞋子穿好，避免双手直接接触鞋子，卫生、方便。在日本也比较常见。

人员，却有着天壤之别。

"迄今为止，那些我接触过的客户们都是怎么看待我的呢？"

我不禁痛感于自己曾经的幼稚与无知，实在是太惭愧了。不过最重要的是，这位优秀销售员的举止深深地触动了我。

销售人员无论男女，在拜访客户时都只是"访问者"，而并非"客人"，所以要尽量避免使用为客人准备的东西。即使只是一个鞋拔子，也应该引起重视。

现在的我已经能够很好地注意到各种细节了，但之所以能够养成这种习惯，还多亏了这位销售员的感召。

我之前非常讨厌人寿保险，那次谈过之后却十分期待着下一次的见面。在第二次见面讨论保险的商品条目时，我就已经决定要买一份了。不是因为哪个套餐吸引我了，而只是单纯地想从这个人手里买一份保险。

那天他也是用自己带着的鞋拔子潇洒漂亮地穿上鞋之后离开的。

"既能说会道，又举止优雅，真了不起……"

我真的被他展现出来的魅力彻底征服了，甚至忘记了自己也是一名销售人员。然而没想到的是，第二天他又给我带来了更大的震惊。

早上去上班之前，打开邮箱一看，发现里面竟有一张明信片。

寄件人正是前一天来过的那位销售员。

第一章
小事成就大事，细节成就完美

明信片是用手写的，大致意思是："非常感谢您能听我说这么多。在销售这行，我也还是个新手，希望以后能一起努力、共同进步！"

他的字迹十分拙劣，简直像是蚂蚁爬的一样。（虽然这样说很不礼貌，但这也是事实……）

我盯着手里的卡片，满脑子疑惑——昨天刚来的我家，今天就收到了明信片，而且字迹这么潦草……他肯定是出门之后找了一面墙垫着写完后，马上就投进邮箱了。

这时我脑海中浮现出一幅画面：一个人趴在我们公寓入口处的墙上，非常艰难地写着明信片……

如果是回到公司后，出于礼节写一封邮件表示感谢，倒也还可以理解。

但是像他这样从客户的家中出来之后马上就写，当时的我是怎么都不会想到的。

"真是个细致的人！"我被他彻底地吸引住了。

那件事情的结果是，我不仅当时购买了人寿保险，而且两年之后，在他的建议下，我也跳槽进入了保德信人寿保险株式会社。

其实，这个故事还有个后话。转入保德信和他在同一个公司工作后才发现，其实他平时写字也是潦草得犹如画画。但我却给这丑得难以辨认的字体赋予了那么多想象，可见我当时对他膜拜到何种程度了。

现在回过头来想想看，把自己的鞋拔子随身带着、立刻写明信片表示感谢等诸如此类的事情，确实是极其微小、稍加用心就可以做到的（从那之后，我也开始向他学习了）。但正是因为这些微不足道的事情，我从销售员那里买了东西，甚至最后还因此换了工作。

到现在为止，我接触过的人怎么也有上千了，这已经不是我第一次被某些细微的关怀感动了。

再小的细节都可能给人带来巨大的影响。无论什么工作，肯定都离不开人的操作，所以细节问题就更应该注意了！

第二章

最基本的细节
——换位思考

餐桌上的失礼——晚辈高傲的坐姿

我们公司常常通过"角色模拟"的方法来练习销售技巧。这是一种实践性质的训练方式。销售人员两两一组,其中一个人扮演客户,另一个则向其销售产品。整个演习过程会被录下来,以便回放的时候能发现一些自己当时没有注意到的地方。

比如有的人总是不自觉地身体倾斜;有的人本想在某个地方出彩,结果却没能达到预期的效果,等等。对于一些情节严重的问题,可以通过看视频来发现并纠正。我就有个毛病:说话的时候总爱摸鼻子。虽然不是什么大问题,但还是改了比较好。

值得强调的是,在整个练习过程中,最为重要的一点就是摄像机一定要放在客户的身后,要穿过其肩膀进行拍摄。

为什么呢？因为销售最基本的原则就是要站在对方的角度来考虑问题，所以自己在客户的视角来看是什么样的形象，还是非常重要的。

学会换位思考，在销售工作中是最基础也是最重要的一点。如果没有这种意识，就很可能做出什么失礼的事情。

有这样一个例子，是我带着一个晚辈和某公司的社长及该公司一名新来的年轻女销售员在一起吃饭时发生的事。

那是在一个古典的和式餐厅里，4个人围坐在一张桌子旁，而我对面的那位年轻女销售员的态度却令人极其不爽。

不是我对她有成见，只是在我们在谈话的时候，她一直保持着这样的坐姿——上身斜靠在椅背上，胳膊挂着椅子的扶手——完全是一副老板的样子嘛！（可能她平时也和蔼可亲，但当时的表现确实是盛气凌人。）

"虽然我刚刚入职，但绝不能被这两个卖人寿保险的看扁了！"难道她是在用这样的心态和我们对峙？

社长和我谁都没有向后倚靠，只不过是身体稍向前倾地和对方交谈而已。因为尊重对方，所以坐姿也很自然。

"这位女士是？"我把目光停留在她身上，问了一句。

说实话，虽然她的态度让人不大愉快，但我当着这么多人面给她指出来也是不合适的。

不经意间，余光注意到了坐在我旁边的晚辈。什么？他竟然和那位女性一样，靠着椅背在听我们谈话！（他明明也是一个性格温和友善的人……）

见到这种情形，我急忙借故要去卫生间，并趁机写了张纸条：

不要背靠着椅子听别人讲话！虽然XX小姐（指那位年轻女销售员）从一开始就是那种坐姿而且一副了不起的样子，但那让我感到很不舒服！难道你没有这样的感受吗？你的坐姿和她是一样的！

我把纸条叠起来，在最外面补充了一句"到卫生间去看"，回到座位的时候顺手递给了晚辈。

果然，晚辈看完纸条回来后，姿势就变得自然大方了许多。

吃完饭只剩下我们两个人的时候，我对他说："虽然我现在经常给大家讲销售的方法啊技巧之类的，但有一件事是比说话更为重要的——站在对方的视角看待问题——这是销售工作中最基本的。"

说完我接着问他："你注意了没有，那位社长一共在椅背上靠了几次？"

"两三次吧！"

"没错！仔细观察就会发现，他只在椅背上轻轻靠了两三次，而且都只是一瞬间！你却一直靠在后面听我们谈话！这一点你注意到了吗？"

"没有。"

"那注意到那位女销售员了吗？"

"看完川田先生的纸条之后，才发现她也一直靠着椅子背。"

"看上去怎么样，什么感觉？"

"嗯……确实显得高傲。"

"但开始的时候你也是那么坐着的啊！"

"哎，真的很不好意思。其实之前妻子也提醒过我这个缺点。"

他这样说着，一副深刻反省的样子。

说是"晚辈"，其实他已经38岁了，而且之前就职于日本一家极具代表性的银行。

即使是有着如此光鲜的职业经历的前银行家，如果不经提醒的话也意识不到这些，可见换位思考并不是一件易事！

我是为了帮他养成好的习惯才提出忠告的。他是个非常聪明的人，很多聪明人都很难听进别人的意见和建议，他却不一样。每学到一点东西，他都会用心地反复练习直到完全掌握，所以在那之后，他再也没有在餐桌上犯过类似的错误了。

我想，他肯定会不断成长、业绩飙升的！

虽然我现在说的是一些最基本的道理，但自己也曾有过因为无意识而冒犯客户的经历。不过我始终相信，一个人的心态会改变他的态度和行为。假如你是发自内心地尊重对方的话，怎么都不可能用"倚靠椅背"这种失礼的态度和他交谈吧！

在这一章节中，我想针对落实"注重细节"时非常重要的一部分——换位思考，来进行阐述。

第二章

最基本的细节——换位思考

一封邮件也要体现关怀

在我提醒晚辈注意餐桌礼貌的几个月后，我们俩又有机会一起拜访某位客户。

不过这次我只是一个辅助的角色，真正约见客户的是他。

在出访的前一天，他给我发来邮件。现将邮件内容摘抄如下：

晚辈：关于明天的事，我们在锦系町[1]下还是在押上[2]下？两个站都需要再步行8分钟左右。

---

1 锦系町：地铁半藏门线的倒数第二站，编号为Z-13。
2 押上：地铁半藏门线的最后一站，编号为Z-14。

川田：*哪个站都行，你来定吧！我们坐半藏门线¹，是吧？*

晚辈：*那就到锦系町吧，下车后从列车运行方向的4号口出。9点50左右我们在那儿会合！*

（注：此处邮件的登载已获得晚辈同意）

大家看完这三句对话后有什么想法呢？

乍一看上去，这只不过是极其普通的日常邮件，并没有什么特殊之处。但是对于我来说，却是足以欣喜万分的文字，因为**我从中看到了晚辈成长的痕迹。**

没错，就是"列车运行方向"这几个字！

我是要一个人赶到集合地点的，那么该怎样去呢？"列车运行方向"，这简单的几个字不就说明了晚辈是在为我考虑吗？

如果他什么都没写的话，到时候我肯定会首先疑惑："4号出口在哪边呢？"然后少不了一番查找。

而晚辈事先为我解决了这些甚至连自己都忽视了的细节问题。多亏了他这如此详细的乘车指示，在我下地铁后直接走向4号出口，丝毫没有感到困惑、忙乱。

也许他知道我是第一次去那个地方，所以就事先设想了可能遇到的种种问题，并提前在网上查了路线，大概是想尽可能地减轻我的负担吧。

1　半藏门线：是东京的地铁路线之一。路线自东京都涩谷区的涩谷站至墨田区的押上站；路线及车站的英文字母代号为Z；在"都市计划高速铁道网"中的编号为11号线。由于路线行经日本天皇居住的半藏门附近，因此被命名为半藏门线。

以前我常常斥责他："要换位思考！不注意这一点是不行的！"

现在他已经开始改变自己，而且做得很好了！

晚辈的这份细致的关怀，使那天的拜访进行得轻松愉快。其实更令我感到欣慰的是自己平时的教导已经看到了成效！

哪怕是一封小小的邮件，给对方带来的影响都可能是巨大的。

在当今时代，邮件已经成为工作和交流中最主要的工具了。所以**在处理邮件的时候，就更应该注意这些琐碎的细节问题**。

我在写邮件时非常注重一点——务必在日期后面附上星期几。

比如，"X月X日您方便吗？"

这种说法看上去没什么问题，可生活中多数人是以星期来规划自己的日程的。而且对方很有可能因为那天是星期一或是星期五而对商谈的事情产生不同的情绪。

"如果是星期一下班后谈谈公事还可以勉强接受，可星期五的话，真不想去啊！"

大家肯定都会有同感吧！

既然最终要打开记事本查看星期和日程，那我在写邮件的时候直接把星期添在后面不就得了。

"X月X日（周五）您方便吗？"

这样一来，对方在看到邮件的时候即使不查看日历也能做出大概的判断了。与人方便，何乐而不为？

另外，还有一个容易疏忽的地方——**署名**！

　　如果只写上"保德信人寿保险株式会社 川田"的话，当然也并不是不可以，只是我觉得住址、电话等信息也是很有必要的。

　　例如我们要给某客户邮寄东西的时候，如果翻名片去找他的联系方式的话，想必是要花费一番工夫的！

　　在我们公司，如果要找某位客户的住所，只能在电脑上调出签订合同的记录，然后用搜索关键字的方法去找，这一系列的操作都是相当麻烦的！

　　但是**如果在邮件署名的时候写上了住址和电话，那只要在收件箱中一搜，立刻就能找到了！**

　　自己觉得方便的事情应该也会给对方带来方便的，我想，这就是注重细节的基本心理吧！

　　与我们会社有过合作的一个监察事务所业绩做得非常好，当被问及原因的时候，他们是这样回答的："原因很简单。**我们对于收到的所有咨询邮件一律在当天给予回复。**在我们这行，能做到这点的事务所实在是寥寥无几。"

　　看来，即使是律师、司法代书人、注册会计师等极具社会地位的职业，也是需要替客户考虑问题的。所以，**只要你稍微注意一下这些细节，就能轻易地和其他同行拉开距离了。**

　　当然，一个公司之所以业绩能够提高，并不仅仅是因为注意到了细节。但是像处理邮件这种平常到几乎被忽略的事情，却可以改变一个公司给人的印象。估计这个监察事务所也正是因为把握住了客户的心理，业务才会越做越多的吧！

　　邮件虽小，不容忽视。

　　大家以后在发邮件之前也好好检查一下吧，看自己是不是把对方需要的细微关心也加进去了呢！

烤串店如何培养员工注重细节的能力

某天，我去一个烤串店吃饭，在这个精致整洁的小店里发生了触动人心的一幕。

这个店属于一般的大众餐馆，面积还算可以，客人们并排坐在柜台前。突然，和我隔着几个座位的一位女士把她的对襟毛衣披上了，在柜台里面烹饪的师傅看到她的这一举动后连忙问道："您冷吗？"

女士忙不迭地摆摆手，指着刚穿上的毛衣说："没关系，没关系，我带衣服了。"

看到客人把外套穿上后，员工马上就会嘘寒问暖——像这种程度的关怀可不是在哪里都能遇到的。

第二章
最基本的细节 —— 换位思考

后来，大约过了半个小时吧，那位女士好像是又觉得冷了，就把毛衣拽了拽，裹得更紧了些。

这一幕又被刚才那个厨师看到了，这次他什么都没问，直接向大厅里的服务员喊了一声：

"拿一条围毯过来！"

于是，服务员很快就把围毯拿过来，递给了那位女士。

在一旁观看的我忍不住发出感慨："服务多周到的一家店！"

客人的这两个动作都只是一瞬间而已。这位厨师大概从女士披上毛衣开始，就一直注意着她的一举一动吧！

假如厨师在女士裹紧衣服的时候再次问她冷不冷，那她多半会出于礼貌而回答"没事，不冷"。即使嘴上说不冷，实际上正是因为感到冷才去裹紧衣服的吧！

所以我觉得厨师的处理方式非常完美。**连细微的动作都不会漏掉的观察力，站在客人的立场思考问题的想象力，不需要再次确认对方冷不冷，而是直接叫人把围毯拿过来的决断能力**……所谓的换位思考，不正是指这些事情吗？

数日后，我有幸和这家店的老板一起聊天，终于明白他为什么能培养出如此优秀的员工了。

"这里的员工都能非常细心地照顾到客人的感受，实在令人感动。"

我和老板提起上次那位女士穿毛衣的事情后，老板告诉我一项服务员们每天都要重复的，甚至有些奇怪的必修功课：**员工们每人负责店内一块边长30厘米的正方形区域，每天开会的时候要花20分钟来擦拭各自的责任区。这块正方形正是关键所在！**

但从表面上来看，整整20分钟一直在擦一小块面积，似乎太浪费时间了。

不过在这个店中，此项训练的目的并不是为了把室内清洗得多么干净，而是想通过这样的活动，培养员工们发现客人需求、主动提供帮助的能力。

"嗯，原来是这样啊！"我情不自禁地赞叹道。

大家都有过这样的体会吗？在大扫除的时候可能桌椅上残留着一块怎么都擦不下来的污渍，但如果每天都来擦一次，总有一天它会消失的。

对于一块污渍是这样，一旦养成习惯之后，对待其他事物肯定也是一样的。比如看到歪斜着的东西后会主动将其扶正，将放在外面的东西摆放规整等。总之，当你处理某一件事情时注意到它的细节之后，就会以这种既成的细节意识去应对其他的事务。

估计那位厨师也是因为平时训练时养成了观察入微的习惯，所以在下意识中就把客人的举动都看在眼里了。

另外，这家烤串店的厕所里还贴着这样一条留言："此处被消防局评为XX地区最干净的厕所。谢谢配合！"

无论从哪方面来看，这家店都不得不让人竖起大拇指连连称赞。

我想，判断一家餐厅好不好，并不是由室内装修、照明设备等表面因素来决定的，而应该看看那里的服务是不是真的能让客人感到舒适愉快吧！

表面的关怀和真正的关怀

我在2009年的时候出版了处女作《公文包要放在手帕上》。该书自出版以来，销量一直不错，并长期居于畅销书之列。（顺便解释一下，所谓"将公文包放在手帕上"，就是到客户的家里或者到需要脱鞋进入的办公室时，先把一块手帕铺在地板上，然后再把公文包放在上面。因为公文包多数是直接放在电车或公司地板上的，和在外面穿的鞋差不多。如果什么都不铺就直接放在客户家里的地板上的话，那就和穿外鞋进去没什么两样了。这也是我一直都很注意的一个细节。）

时至今日，我已经收到过700多封读者的来信了，对此，我表示深深的感谢。不过，通过阅读这些来信，还是发现了一个问题。

读者看完这本书之后的感想，大致分为两种：

有些人学习到了销售中的几个技巧——

"从明天起开始，我也要学着先铺块手帕再放公文包！"

"看完这本书后我立刻买了一个随身携带用的鞋拔子，要向川田先生学习。"

另一些人则看到了更深一层的内涵——

"这本书表面上讲的是销售中的技巧，而实际上是通过这些例子来阐述对待工作和人生的态度。"

不管读者是以怎样的心理来阅读这本书的，我都感到欣慰。不过，我本人真正想要传达的，是后者。

"销售中最重要的不是什么技巧，而是能够学会站在客户的角度来思考问题。"

我当时也想过要把这个观点直接写到书里的，但又总觉得语言的力度不够。与其呼吁大家"对待客户应该这样、不应该那样"，倒不如通过几个实实在在的例子来说明更有效果。

例子只是表象，并非根本所在。

我们并不能一概而论地认为没有将公文包放在手帕上的销售员就没有好的业绩，因为比技巧更重要的是看他能不能真正地为客户着想。

把公文包放在手帕上也好，自己随身携带鞋拔子也好，这些都是换位思考的具体表现而已，单纯地模仿这些表面的技巧，是不会有多大意义的。

所以，对于那些给我写信分享自己感想的读者，我是这样回复的："你的内心发生什么变化了吗？"

在前面提到的那个烤串店中，员工们每天擦拭一张30厘米见方的小桌子就能从中得到感悟，也正是因此，他们才能够观察到客户的每一个细小的举动。

同样的道理，我们应该通过"将公文包放在手帕上"这一件事情，学会注意其他类似的细节。比如，"公文包已经规矩地放好了，如果鞋子把地板弄脏了可不行！""我现在听客户讲话的姿势是不是礼貌得体呢？""我在给对方提供商品的时候有没有遵循'客户至上'的原则呢？"等等。

如果这本书没有引起你内心深处的变化，而仅仅是为你提供了几个不错的销售技巧的话，那么你并没有掌握最本质的东西。

说到这里，我想起了自己以前的类似经历。

其实，无论是手帕还是鞋拔子，最初都是从一个前辈那里学来的。

"多酷啊，我也要试试！"

"这样一来，肯定连客户都会佩服我了！"

那时候的动机就是这么肤浅。

我当时考虑问题的出发点仅仅是"如何才能让客户觉得我和其他销售人员不一样""如何才能给客户留下更好的印象"……

虽然刚开始是以这样的心态来做这些的，但是时间一长，竟发现自己的内心已经悄悄地改变了。

学习这些技巧的目的明明只是为了提高销售业绩，可是每次看到客户因为这些细节而笑容满面时，我自己也是心花怒放的。

能给对方带来快乐的人自己肯定也是快乐的。

我想，不仅是在工作中，与任何人相处时都应该是一样的。

而且，一个微小的变化也会引发连锁反应，最终形成大的变化。

再比如，**我每次入住酒店时，总要用毛巾把洗脸池擦干净之后再离开。**水龙头的四周应该是最难清洗的了，如果这块弄干净了，保洁人员来打扫卫生的时候肯定会感到轻松和温暖吧。

当然，这并非我的分内工作，保洁人员也不是我的什么人，我只是单纯地想着"对方会感到轻松和温暖"，所以就这样做了。

其实，用毛巾擦拭洗脸池的习惯是在一个高尔夫球场的卫生间中学到的。

几年前，在一个因注重礼节而闻名的高尔夫球场的卫生间里，我看到有个人在洗完手擦干后，紧接着就把洗脸池也擦了一下。观察了一会儿后发现，原来大家都在这样做，目的是为了能让下一个使用的人感到舒服。

多么细致，多么温暖！

其实早就听说过，**想要知道这个高尔夫球场有多么注重礼节，只要看看它的卫生间就可以了。**

于是，我就这样学会了擦拭洗脸池。时间长了，就养成了即使住酒店时也要先擦干净再离开的习惯。

就像在高尔夫球场的卫生间一样，之所以这样做并不是因为下一个要使用的人是某某某，最重要的也不是事件本身，而是在自己内心深处形成的一种意识。

这也是给我带来心理变化的一件事。

所以，我会这样反问那些给我写信分享读后感的人："你的内心发生什么变化了吗？"

哪怕刚开始只是单纯的模仿，只要最终它能给你带来由内而外的心灵变化，这本书的价值就实现了。

做一件不为人知的好事

"要养成注重细节的习惯，就一定要从生活中的小事做起。"

我这样冠冕堂皇地发表言论，若要被妻子和孩子看到，多半会招来取笑甚至厌恶的……

说来惭愧，因为我在家中属于好吃懒做的那类人。

休息日的时候我喜欢懒洋洋地躺在沙发上；脱下的吸汗衫就那样随意地仍在客厅里，根本懒得去洗；把西服挂在衣挂上，收起来也是最近刚刚学会的事情……估计妻子和孩子最想对我说的是："你要是在家里也能注意细节该有多好！"

所以，从身边的小事做起，养成注重细节的习惯，并不只是针对工作的！

我所尊敬的保德信人寿保险创始人坂口阳史生前曾说过这样一句话："**今天，我只做一件好事。但如果被别人看到了，这件事就不算数。**"

这是我非常喜欢的一句话。我对它的理解是："在只有你一个人的时候，学着做好事吧，哪怕只做一件也好！慎独是提高个人的道德修养的最佳方式。"

我也有过同样的感触，不过那个时候我总在想："上帝也许会看得到的！"我并不是什么宗教的信徒，也不习惯听信于他人，只是每次做好事的时候，我总会不自觉地这样想。

在只身一人的时候你会做什么呢？这也许是最能反映一个人道德水准的时候了。（我既非圣人也非君子，还达不到坂口先生谈及的那种高度，而且现在需要反省的地方还有很多……）

在离开酒店之前清洗洗脸池的时候，大概也是怀着这样的想法的吧！因为即使我不去打扫，也不会因此而给谁带来麻烦。我这样做不是为了获得保洁人员的感谢，更不是要给她们推销保险。

"那么，把洗脸池打扫干净后再离开不是更好吗？"

如果我这样问的话，相信大家的回答会是一致的："确实不错！"不是吗？

下面我们再举一个例子。

假设你把厕所里最后一张手纸用完了，想必谁都知道下一个来厕所的人会很窘的。这种情况下，有的人会主动把手纸装上，而有

的人会什么都不管就大摇大摆地走出去。

事实上，即使你装上了，下一个来厕所的人也不会对你有丝毫的感激。若是在公司或者家里或许还好点，但如果在公共厕所遇到这种状况，下一个用厕所的人肯定与你毫无瓜葛，完全不会因为你装或者没装纸而对你表示感谢或者抱怨。

同样的问题留给大家："是不是把纸装上比较好呢？"

相信回答还是一致的："确实如此！"

刚才举的两个例子，都只是微不足道的小事而已。

但是如果我们每个人都能"每天做一件好事"，那么整个社会也会变得更和谐、更美好吧！

一个人的力量是渺小的，但无数个人的力量融合在一起的话，肯定会给这个世界带来些许改变。

所以，每次妻子、孩子提出注重细节要从家庭做起的时候，我总是无言以对。

其实，我并不是一个从开始就注重细节的人，只是由于从事销售这份工作，需要对周围的人毕恭毕敬，需要随时将"谢谢""不好意思"这类礼貌用语挂在嘴边，于是就渐渐养成了现在的习惯。

如此说来，我依然可以这样向妻儿撒娇："在家里除外哦！"

越是不受欢迎的工作越要注意细节

确实，我原本不是一个细心的人。注重细节的习惯是在进入现在的公司、从事人寿保险销售的工作以后，才逐渐形成的。

我以前所在的瑞可利株式会社是一家很有名气的公司，不仅经常被刊登在许多家喻户晓的杂志上，而且做了不少电视广告，总之，**是一个拥有自己独立品牌的知名企业。可以说，我是在公司知名度的庇护下展开自己的业务的。**

在瑞可利的时候并没有这种优越感，直到开始了人寿保险的销售工作后，我才切身体会到有公司名声做后盾的销售员是多么幸福。

正如在本书第一章提到的那样，人寿保险的销售员几乎走到哪儿都不受欢迎。更何况当时的保德信人寿保险公司还没有名气，恐怕100个人里有一两个人听说过就不错了！

在这种招人厌恶的行业，在一个鲜为人知的公司，即使销售人员再能说会道，留给客户的初始印象基本上也都是负面的。

那么为了减少这些负面印象，哪怕赢得对方的一点点的好感，我们应该怎样做呢？

方法只有一个，那就是向自己挑战。为了争取那一丁点儿的好感而不懈地提高自我、完善自我。

所以，我不得不注意细节。

经过不顾一切的奋斗拼搏，我终于在入职第四年后达到自己事业的顶峰——被任命为高级保险策划经理，并且销售业绩也在全国2000多名销售员中位居首位。

5年之后，应某出版社之邀请，为了"把自己的思想、行为传递给更多人"，我出版了自己的第一本书。

书一经出版，邀请我进行演讲或者企业培训的单位也日益增加，后来不仅仅局限在日本国内，甚至有幸多次到海外参加演讲会，来和大家分享心得。

有一次，我应日本一个证券行业的龙头公司之邀，为该公司的一些个人银行家进行培训。

培训的第一天我简直惊呆了："什么？堂堂XX证券的银行家，竟然这副形象？"

虽然有些失礼，但在第一次看到他们的时候，真的是这样想的。

无论从学历还是从能力来看，那些人绝对是一顶一的人才。所以见面之前我头脑中想象出来的也是衣装整洁、一表人才的形象，可万万没想到竟有这么大的落差。

"看来第一印象真的是不靠谱儿！"

从见第一面我就产生了这种想法，直到培训结束，我依然这样认为。

过了几天，我突然收到一封邮件，是当天参加培训的一个人写来的。

"川田先生，您能讲一下对我们的看法吗？敬请直言！"

既然他在邮件里让我"直言"，那我也就毫不客气地把自己当时的所想所感一股脑地和盘托出了。

"我觉得你们整个团队的力量还是非常强的，但是在个人修养方面似乎做得还不够。"

因为不论是智商还是情商，他们都应该算是全日本数一数二的人物了，所以应该具有与之相应的修养。

然而在社会和工作中，他们只依靠团队的力量就已经取得了今天的成就，所以就难免忽略了人格魅力的提升。

玉不琢，不成器。更何况人呢？如果不去锻炼某些方面，它们就会锈掉。

像他们这些商业精英，如果不能依靠个人魅力取得成功的话，即使能叱咤全日本又如何呢？仍然什么都不是自己的。

以上内容我都详细地列在邮件中了。

很快又收到了他的回信："确实是这样啊。我们的确忽略了个人道德修养方面的提高，听完川田先生的课后，我发自内心地佩服您，因为您是完全依靠个人力量取得成功的。受教了。"

虽然我说话可能太直接、太不留情面，但若这些人真的可以以此为契机，在内心做出些许改变的话，我又何乐而不为呢？

在整个团队的光环下，忽略了自我修养的提高，我想这不只是银行家、证券家才会出现的问题。因为我曾经也犯过这样的错误。

不过幸好后来我选择了离开。

做人寿保险（当时保德信只是一个名不见经传的小公司），无论从哪方面来看，这都不是一个明智的选择。

然而正因为如此，我才会拼命地在自己身上下工夫，努力地提高自己的能力和修养。所以对于我来说，这是一份弥足珍贵的职业经历。

蓦然回首，所有的一切都是有意义的。

即使你现在在团队组织的庇护下做得很成功，这种成功并不一定能持久。**我们最终能够依靠的只有自己。**

所以最后请大家再认真地想一想，当没有光环照耀的时候我们想要成功需要的是什么？而你又是否拥有了呢？

第三章

成功者
定是细节达人

到我这来工作，保证你会开心！

工作的成败，99%取决于细节。我之所以会这样认为，最大的原因是在我的交际范围中，但凡成功人士肯定都是细节达人。

"公司要一天天发展，个人也要越来越有魅力。"

所有怀着这种想法的人，肯定都在以各自不同的方式践行着"细节"这件小事。同样，正因为他们把小事做好了，所以才能取得大的成功。

在本章中，我想讲的是一些关于我身边的成功者的故事。

首先从在地方街道上做粗粮生意的那个社长说起吧！

这个公司有50多名员工，人数不多，但生意却相当红火。不仅如此，这位社长还十分重视公司的气氛和员工的幸福。

记得在我第三次找他商谈企业保险的时候，在谈话的过程中，社长显得有些心不在焉。

"您是不是有什么要紧的事？"我试着询问道。

没想到社长竟突然喜笑颜开，像个孩子似的说道："我和员工们约好了，午饭时要带着他们去一家与众不同的店里吃饭！"

"与众不同的店？怎么个不同呢？"我更好奇了。

"因为这家店里有一道菜叫作'冷咖喱'，好吃得不得了，所以想带他们去尝尝！"

其实这位社长平时也是为员工考虑得面面俱到，因此员工们也都觉得像在自己家里一样舒适。在我第一次拜访这家公司的时候，就强烈地感受到了这一点。

进入办公楼可以发现，在整整一面墙壁上贴满了员工们的照片，旁边附着各自的座右铭一样的留言。

"欸，怎么回事，**怎么没有社长本人的呢？**"

因为在大多数公司，如果想要贴社长的照片，那么肯定要找一张稍微大些的，贴在一个显眼的位置——左上方或者正中间，所以我断定墙上是没有社长的照片的。

但是如果一张张仔细观察的话，竟然真的能找到——**与其他员工混在一起的、右侧下方倒数第二个就是。一个多么不起眼的位置！**

若要问这些照片中的人哪个是社长的话，没有见过他本人的话是无论如何都找不出来的。因为他的照片没有丝毫的特殊性，完完全全地融入到员工的照片之间了。

"真是一位心怀员工的好社长，竟然想得这么周到！"

这只是我看到照片后对他产生的第一印象。其实进行了一番交谈之后，我更加坚定了自己的判断。

这个公司规模并不是很大，可是员工既持有股份，又享受福利。要知道，对于一般的公司来说，能做到其中的一项就很不错了！

社长和一些员工去吃冷咖喱之后，我跟随另外一个营业员去了工厂。

"社长是个什么样的人呢？"我在路上问他。

"怎么说呢，反正我挺喜欢他这个人！"

原来，这个营业员本不是干这一行的，后来由于某些原因搬到了他丈母娘家附近，也就是现在的这个区域。本来他是想在这里找一份老本行的工作，谁知竟然遇到了老朋友——现在这家公司的社长，社长简短有力地对他说："到我这来工作，保证你会开心！"

此后社长亲自到他家去过好几趟，就是为了请他过来工作。可见，社长渴求人才的心情是多么强烈。

不过，令我最为吃惊的是社长竟然说出"来这儿工作就一定能开心"的话来，即使是求贤若渴，能够和对方这样诚恳地对话，也非常难得了。而且，无论是谁，受到这样的邀请，肯定会感激不已的。

照片的事情也是这样，若能在一个如此关爱员工的老板手下工作，相信谁都会变得精神饱满的！

另外，社长和员工一起吃冷咖喱的初衷也非常单纯，并不是为了加强沟通，也不是为了提高生产积极性，**而仅仅是因为"员工们喜欢""希望大家能够高兴"**！

我有这样一个习惯，凡是客人介绍的餐馆，我几乎都会进去感受一下。一是因为自己一直都是这么做的，二是因为这可以令客户满意。所以工作结束后，我也迫不及待地去了那家餐厅。

"到底冷咖喱是道什么菜呢？"我一边在路上这样想，一边期待着，一边又担心着。

最终，经鉴定，这道菜做得很一般。

于是过了几天，我把自己的评价如实地告诉了社长，不想他竟爽朗地笑了起来。面对别人的意见，无论是支持还是反对，他都能愉快地接受。

在这样的公司上班，也许真的能变得幸福吧！

一个关爱员工细节的领导，而且是已经养成这种习惯的领导，怎能不被拥戴呢？

无所事事的社长中午为什么不回公司?

有这样一位社长，每次见到我都会说："川田先生总是这么忙忙碌碌的，多好啊！再看看我，整天没事可干！"这似乎成了他的口头禅。

他的公司有100多人，虽然他给人的感觉是心直口快、不拘小节，不过办公室却总是十分干净整洁。

由于员工们的辛勤付出，公司在一天天发展壮大。不过，单看这位社长的话，他似乎真的很闲。

此话怎讲呢？因为**每次给他打电话，他几乎都会接**；每次约他吃饭也很顺利；若是问他"下周什么时候有时间"，得到的回答总是"什么时候都有时间！"

只有一次给他打电话他真的没接，于是我当时就留言说："我是保德信人寿保险公司的川田。没想到您的手机也会有接受留言的时候，而且还被我赶上了，实在是荣幸之至。所以我就不客气了！"

从这件事上也可以看出，他确实不算是一个忙碌的人，至少会给我这样一种感觉！

这位社长还有很多奇怪之处！从来不参加职员的面试，虽然公司不过100多人，他却经常记混……当然，我也偶尔怀疑自己看到的会不会只是假象。

我的一贯主张是，**所谓优秀的经营者，就是不管自己在不在，都能保证公司正常运转而且盈利的人**。所以我觉得像社长这样的人，才是真正的老板！

"这个公司有我没我都一样！"

虽然他经常这样自嘲，但实际上，正是因为有他在，公司才能保证业绩不断上升吧！

令我发生意识转变的是在认识社长不久后的一天，我和他一起吃午饭。

吃完饭就快下午1点了，正好员工们的午休时间也是截止到1点，可社长并不打算马上回公司。

"川田先生，我们再喝点茶吧，现在回去还太早！"

社长的这句话实在令我感到意外。我暗自心想：难道他真的是没事可干吗？虽然这种想法有些不礼貌，但实在是对他的这句"现在回去还太早"感到困惑。

"社长，我不明白您刚才为什么说'现在回去太早'呢？"

来到咖啡厅后，我把内心的疑团掏出来向他询问。他接下来的回答却令我为刚才的想法感到羞愧难当："哦，这个啊！**如果我把客人领回公司的话，那些女职员肯定要端茶倒水地招待一下吧，可是现在还不到1点，还属于员工们的午休时间，不想让她们牺牲自己难得的休息时间来做这些事，哈哈……**"

原来，这才是真正的理由！

什么是优秀企业家？这就是！能够对员工关心到这种程度，佩服之至！我终于看到了真实的他。

也许，员工们并不知道社长为什么午休的时候总不回公司，但正因为如此，才更值得称赞！

我想，这才是真真正正的"微不足道的关心"！

此外，无论什么时候给这个公司打电话都会有人接，可见社长在这方面也用心了吧！虽然乍一看上去他是一个悠闲自在、无所事事的人，但实际上他为公司花费的心思是随处可见的。

因为经营者这种无意识中的关心已经渗透到整个公司了，所以工作氛围才这么融洽，工作效率才这么高吧！

"这样的人，才堪称老板啊！"

认识这位社长之后，我再一次肯定了自己的观点！

每月给员工的孩子汇钱的女社长

大约1年前，我有幸认识了一位女社长。公司是做家政服务的，所以60多名员工几乎都是女性。

公司有这样一条规定：但凡员工或者员工家庭中生孩子了，都要以孩子的名义开一个新的银行存折。

而女社长也每次都忘不了询问一下"孩子出生的时候多重？"大家猜猜，为什么她要这么问呢？

当然，这可不仅仅是句客套话。

我刚听说的时候也吃了一惊。原来每当有员工生孩子了，公司就会每个月向这个孩子名下的账户中打一笔钱，而这笔钱的金额就是根据孩子出生时的重量来定的。比如，出生时是3215克，那就每

个月打3215日元，一直到这位员工离职。

把与孩子出生时的重量等数目的钱每个月打入存折当作抚养费，这恐怕是只有这位女社长才会想出的主意吧。

虽然谈钱有点太俗，我们还是计算一下吧。假设员工数是60人，每个孩子的平均重量是3000克，那每个月就是18万日元，每家生两个孩子的话，每个月就是36万。

也就是说，公司每年要拿出200万—400万的经费作为员工孩子的抚养费。这可不是一个小数目！

不过，和抚养费的多少相比，更重要的应该是社长对员工的关爱吧。

我也是两个孩子的父亲，所以深有体会。如果有人能够对自己的孩子这么关心，而这个人又恰好是自己公司的社长，那么员工心里肯定喜不自胜。更何况在一个女性占据多数的公司，肯定更是四处弥漫着感动了！

"为了社长、为了公司，我得好好干！"

我觉得大家都是怀着这样的心情工作的。当我们在一个值得付出的公司积极主动地做事时，总能发挥更大的潜力。

事实也是这样，我每次拜访这个公司，都能看到员工们精神饱满、干劲十足的状态。也许正是这个原因才使得这个公司发展得越来越好。

当生完孩子的员工离职的时候，社长又会说一句："今后就由你来继续（存钱）了！"

　　而多数离职的员工真的会继续每个月向孩子的账户里存抚养费。

　　多么温馨的一件事！

　　虽然给每位员工的并不是什么大钱，但这位社长心里怀着对员工的关心，而且将其付诸行动了。这份关心才是真正发挥作用的吧！

　　在我看来，**这不仅仅是一名社长对自己员工的体贴关心，同时也是一个公司对整个社会的责任**。如果这样的公司越来越多，那么女性群体在社会中发挥的作用肯定也会越来越大！

崭新的3000日元和每月的牛肉大餐

在我的客户当中，有一个是做畜牧业生意的。他的养殖场大约有8500头牛，宽广辽阔的土地上星星点点地分布着数之不尽的牛舍，这场景简直堪称壮观。

据说这个养殖场最初只有一头牛，经过几十年的发展最终达到现在的规模，也算是不小的成就了。

同样地，养殖场的经营者也是一个注重细节的人。

养牛业的流程是这样的：从初生的牛犊开始，对其进行细心地饲养呵护，大概经过30个月养成成牛，屠宰之后将牛肉出售到日本各地。

这个养殖场的社长有个特点，每次发货的时候总会把崭新的

3000元日币放到一个信封里，并亲手递给司机。

"欸，这是什么意思？"

新来的司机师傅总会对社长的举动感到不解，因为他们没见过哪个社长额外给自己钱，这些钱是做什么用的？

"这是在运输路上的餐费！"

社长总会一边解释一边把信封塞进司机师傅手中。

按照行情，不管距离有多远，司机运输牲畜都是免费的，而运送活物又需要格外地留心，所以肯定一路都不会轻松。

于是，社长就拿出了崭新的3000日元，这里面饱含着两种感情：一是对长途跋涉、辛苦运输的司机师傅的犒劳，另一方面则是希望司机能够"帮忙照顾自己精心饲养的牲畜"！

为什么是3000元呢？因为从养殖场所在的地区到东京等收货地，一路所需的伙食费差不多就是3000元。

为什么要用崭新的纸币呢？这大概是为了表达社长的感谢之情吧！感谢司机师傅一路上对自家的牛进行照料！

相信司机师傅肯定能领会社长的这份心意，这些牲畜也一定会得到悉心的照顾！

后来听说，这位社长在养殖场只有几头牛的时候就开始这样做了，到现在已经坚持了39年，当然以后肯定还会继续下去！

这位社长将自己的全部精力都投入养殖业，平时几乎连休息的时间都没有。有一次我和他们夫妇聊天的时候，他的妻子这样评价他："他这个人啊，简直把工作当成乐趣了！"

社长马上补充说："呵呵，其实也不是什么乐趣，我总觉得自己在支撑着日本的饮食业，所以不能休息啊，哈哈！"

多么有分量的一句话！

"能够在自己的工作中感受到那么大的责任感，实在叫人佩服！"

只记得听完这句话后，我也不由得浑身紧绷起来。

对待工作、对待自己饲养的牲畜，甚至对待一个外人都能这么细心周到，那么对待自己的员工肯定就更不用说了。

公司有这样一个习俗：为了表示对辛勤工作的员工们的感谢，每个月都会发放一些牛肉作为礼物送给他们。种类繁多，**有烤牛肉、火锅牛肉等，员工们可以随意选择，并且社长会亲自挑选上等的肉亲手送给每一位员工。**

"这种发放福利的事，您为什么一定要亲力亲为呢？"

我第一次听说这个习俗的时候，觉得很困惑，就直接问他了。

他的回答再一次出乎我的意料："这个嘛，**我觉得这才是我最重要的工作！**"

能够亲手把牛肉送给员工的社长已经不多见了，没想到他竟把体恤员工当作自己最重要的工作，我已经对他佩服得五体投地了！

也许，一个只有一头牛的小牛棚之所以能发展成养着8500头牛的养殖场，正是社长注重细节的必然结果吧！

每月给员工的家人写信的社长

说起关心员工家庭生活的社长，还有这样一位。

这是一家经营办公器械的公司，规模不大，只有60人左右。这里发生着的感动便是，**每个月给员工的装有工资明细的信封中会夹着一封"XX（员工姓名）全家收"的信。**

"公司最近的经营状况是这样的。"

"这段时期非常辛苦，不过大家工作劲头很足。"

"由于大家的努力，今年年末也会有奖金。"

诸如此类……

每个月一封，每一封都是社长亲笔写的，描述的主要是最近阶段公司和员工的情况。**最重要的是20年来，一次都没有间断过！**

多厉害！这可是手写的啊！

公司连对员工家人的感受都这样体贴入微，那么我想作为家人，不仅自己放心了，而且也会监督员工好好工作的。

另外，20年来，这位社长除了每个月给员工的家人写信，还有另外一件事也一直坚持在做——**每个月到往来银行去汇报试算表[1]和损益表[2]的数据。更奇怪的是，即使这个月没有进出账，他也一定要去一次。**

"您是为了维持和银行的友好合作关系吗？"有一次，我忍不住这样问。

"怎么说呢，那是其中的一个原因。虽然最终结果可能会增进公司和银行的合作，但它并不是主要目的。其实，我是想通过这样的方式来给自己施加压力。"

假设某个月业绩不好，哪怕只有那么一次，把公司负值的营业额报给银行的时候，作为社长，心里肯定不好受。

"为了确保不出现赤字，就必须有压力、去努力！这也是我每个月必去银行报账的主要原因。"

原来，社长这20年来一直在以这样的方式鞭策着自己。

既然连社长是心里装着压力来经营公司的，那么社员肯定也会被这种精神感染进而一起努力的！

---

1 试算表：定期地加计分类账各账户的借贷方发生及余额的合计数，用以检查借贷方是否平衡暨账户记录有无错误的一种表式。
2 损益表：又叫利润表、损益平衡表，是用以反映公司在一段时间内利润实现（或发生亏损）的财务报表。

另外还听说，**每当有社员的配偶或孩子过生日的时候，社长还会给他们送蛋糕。**

假设公司正好有60名员工，每人都有配偶且只有一个孩子，那么平均下来每三天就要送一次了。

或许，正是因为社长平时在做这些细小的事情，所以才能赢得员工、员工家属、客户等所有与工作相关的人们的信任吧！

虽然能够做到这几点的人实在是屈指可数，但每当想到"世上真的有这样的人"时，我自己也会不知不觉地打起精神来！

亲自拜访新人父母的年轻分店店长

我有一个中学同学，就职于日本最大的证券公司之一，现在已经是那家公司的一个分店店长了。40岁刚出头就成为分店店长，也算得上是年轻有为了。

然而，他并没有特别好的身世，也不是毕业于国内一流大学。

"那他是怎么做到年纪轻轻就能管理一个分店的呢？"

我一开始也觉得不可思议，可听完他的解释后又不禁觉得理所应当。下面就把他的故事和大家分享一下吧！

每当有新人调入，他都会亲自去新人的父母家里进行慰问。无论是东京市内的，还是岐阜的、仙台的、鹿儿岛的……只要在日本国内，他都会一个不落地去拜访。

乘坐地铁、新干线甚至是飞机专程去人家父母那里拜访，他的目的是什么？又会聊些什么呢？以下面的内容简单作例吧。

XX今年夏天应该能回来看您，不过估计会变瘦了、晒黑了。为什么呢？因为工作太辛苦！

在我们公司，即使是夏天很热的时候也会很忙，出差、室外工作……都是有可能的。不过只要熬过那段时间，他就应该能够独当一面了！

所以，假设那时候您看到孩子变黑变瘦了的话，可不要太吃惊啊！

这也绝不是一般人能做到的！

确实有些公司会对新入职员工进行家庭走访，**但是像他这样专门跑到员工的父母家进行拜访的，我以前还真没见过！**

"不过这样一来，你身上的责任岂不是更重了吗？"

听完他的描述后，我觉得很纳闷。

"对的，所以我更应该去拜访！**当对父母承诺'您的孩子一定能够独当一面'的时候，是可以深切地体会到自己肩上的重任的。因此我要这样做！**"

怎么样？够伟大吧！

他身上有着强烈的责任感和承受能力，难怪会这么年轻就成为一店之长了！

每当店里有员工入职的时候，店长亲自到新人的父母家里拜访，既可以了解一下他父母的为人，又可以窥探出他的成长环境。这样，在以后的工作中对待新人的时候就能融入一种特殊感情了。

同样，店里的其他人也会怀着这种特殊感情共同迎接新伙伴！

另一方面，不管是谁，只要一想到"有人在某处关注着我"，相信肯定会变得干劲十足的！

"到新员工的父母家去拜访"，说起来是多么简单的一件事！然而他所践行的这一点点关心——不，是转化为责任的关心，绝对不是一件微不足道的事。

如果大家都像他一样化责任为动力，那么社会上那些由于压力过大而引发心理疾病的人和毫无压力、无所事事的人都会减少吧！

今天，你和谁，打了几次招呼？

"不慌、不急、不放弃、不逞强。"

这是因两次徒步完成比睿山千日回峰修行而广为人知的天台宗禅师酒井雄哉留给我们的生活之道。有位建筑行业的老板就是以这句话作为人生信条的。

这位社长在办公室养着一条大狗。一开始，我每次登门拜访的时候它都会凑过来嗅好久。后来随着来的次数增多，它一见我就摇摇尾巴，仿佛在说："又是这个人，欢迎欢迎！"我只有在接受完它的审核之后才能坐在沙发上。

因为社长的夫人负责公司的财务，所以每次见面的时候都有幸能和他们夫妇二人一起聊天。初次见面的时候，为了破冰，总要找

第三章

成功者定是细节达人

些工作以外的话题随便聊聊，正好我也喜欢狗，所以就以狗为切入点，开始了我们的交谈。不想，我们竟围绕这个切入点不知不觉地聊了一个小时！无奈，这次就到这儿吧，关于工作的事只能下次再谈了。

养狗的人多数都体会过爱犬去世的痛苦，社长和我也不例外。第二次见面的时候不知怎么说到社长夫人去世的那条狗，她竟流下泪来。在这种情形下，我也只能陪着一起难受。最终，工作还是没有任何进展。此外，也许只是偶然，社长、社长夫人和我都有这样一个习惯，用去世的爱犬的骨头做成钥匙环或者钥匙链的饰品，这应该是只有爱狗的人才可以理解的一种行为吧。

这个公司有一百多名员工，而且发展得相当不错，单是和社长夫妇纯粹的聊天就可以略见一斑。

和同行业的其他公司相比，为什么这个公司业绩如此突出呢？

一开始我也对此感到困惑，不过，和社长夫妇进行了几次交谈之后，便能切身感受到原因所在了。其中最主要的一个原因就是"员工的意识改革"。

具体的改革措施我就不在这里赘述了，总之，这种意识不仅指每人要完成的销售额，还包括如何节约工作成本、提高工作效率。

记得在谈论意识改革的时候有样东西特别吸引我——月结文件夹中的第一个Excel表格，他们叫作**"寒暄实绩表"**。

其实这也是一个很简单的表格：左边第一列是每一位员工的名字，上面第一行标注着日期。整个表格就是反映在一天当中每位员工进行了多少次寒暄。

数据源是员工们每天提交的工作汇报，寒暄的对象可以是社内人员也可以是外部人员。做这个表的目的并不是为了奖励或者批评某人，如果你这个月和别人打招呼的次数少了，那么社长会亲自过来问你："最近怎么回事呢？没怎么和别人打招呼啊！"

这时你可以解释一下，比如说："最近都在山区里工作，平时很难见到人影的。"

大概就是这样。

或许有的人根本没把这个方案当回事，可我觉得这是一项极有意义的举措。坐在社长旁边的社长夫人也说过：**"不管是谁，肯定都渴望被人关心，而最基础的关心，就是寒暄。"**

我好奇地询问道："这项政策最初是如何被提出来，又是如何实施的呢？"

"在某次开会的时候我把这个提议告诉了大家。没有商量的余地，做不到的话就强制实施，因为寒暄对于每个人来说都是不可或缺的，而且自己主动和别人打招呼将更有意义。"

听到这儿，我的脑海中不禁浮现出了社长用充满能量的声音和大家打招呼的情形。

"首先，和人说谢谢[1]是非常重要的。因为谢谢的汉字写作'有難う'，直译过来为'难得'。既然大家都觉得表达感谢是一件难得的事，那么我们为什么不多多使用这个词呢？这样对方肯定会感

---

1 谢谢：日语写作"ありがとう"，汉字为"有難う"。

到高兴的！"

我想，把员工当作家人看待的社长的这个主张，一定可以得到大家的理解和支持！

无论是在工作中还是在书刊中，我们经常听到或看到这样一句话："寒暄很重要！"可是又有多少人能够付诸行动呢？十分惭愧地说，我也做不到。我孩子还小的时候偶尔还会寒暄一下，可渐渐地，寒暄也就变成了纯粹的敷衍了事。

人一旦感受不到自己存在的意义，那就没办法继续生活下去了吧！而寒暄可能就是这一变化的开始。

"去，一边去！"

正在我大声训斥朝着公文包跳来跳去的大狗时，社长说了一句让我印象极深的话：**"无论一个公司规模有多大，去做工作的终究是每一个员工！"**

这就是他的经营理念吧！

向家人致谢的表彰仪式和为孩子举行的赠包仪式

"川田先生，明年就是我们公司成立60周年了，我想邀请员工的家属一起参加周年庆典仪式，您有没有什么好的建议呢？"

有一次，某公司的社长曾经和我这样商谈。

这个公司在举行公司内部活动的时候，前来参加的员工家属越来越少了，这一点让社长感到非常苦恼。

"嗯……打个比方啊，在给员工开表彰大会的时候可以请员工和他们的家属一起到台上来，甚至可以把奖状颁发给家属。您觉得怎样？"我给出了这样一个提案。

其实我是在借鉴另外一个公司的做法，下面就和大家分享一下吧！

第三章

成功者定是细节达人

这个公司每年会举行一场销售人员的表彰大会。

如果被表彰的员工超过300人，且员工的家属也参加的话，那么公司就会租酒店中最大的会议厅开一个大规模的表彰会。不管是司仪还是灯光师，或者是后台的大事小情，几乎全部由本公司员工负责。

有些销售人员会为了能够在那天登上领奖台，整整一年都在努力工作！

在表彰仪式开始之前，作为主办方的社长首先会为大会致辞：

我们一年一度的表彰仪式主要有两个目的：

一是对本年度出色完成销售额的优秀员工进行表扬与鼓励。在你们互相祝贺的同时，请不要忘记一件事，你们之所以能够全身心投入工作并取得可喜的成绩绝对离不开家人的支持与鼓励，没有他们就没有你们今天的成就！

所以我们大会的另外一个目的就是对这些可敬的家人表示感谢！

紧接着音乐响起，**社员和家人一起登上领奖台，感受这辉煌的一刻。不过，社长通常不会把奖牌直接发给社员，而是给他们的妻子**。一边颁奖还一边弯腰行礼："感谢您这一年来对您丈夫的支持与鼓励！"

"能够接受这样的表彰，我们做妻子的怎么能不高兴呢？本来家庭主妇根本谈不上是一种工作，更不会有谁给我们颁什么奖。如今得到我丈夫公司社长的肯定与感谢，我在接下来的一年里也得更加努力才行！"对于这种活动，妻子们都感到兴奋不已，甚至有人被感动得当场落泪。

在这种情形下，相信丈夫们也会比自己接受表彰更加高兴！

正如我们在拜访重要客人的时候，经常会精挑细选地找一件能够使他全家都高兴的礼物一样，因为家人的欢笑即是自己的幸福。这和表彰会是同样的道理吧！

除此之外，这个公司还有其他以员工家属为主角的活动——**书包受赠仪式，也就是给员工即将上学的孩子们赠送书包**。这也是全家参与的一项活动，不过这次不是在酒店，而是在公司的会议室。

会场的正中间摆上开会用的桌子，桌子上撒满粗粮点心，可以让孩子和家长们尽情地享用。一进来就看到这么多糖果，孩子们当然高兴得不得了！

桌子四周可以吊悠悠球，也可以套圈，还有类似小货摊一样的地方……所有这些都是员工们亲手设计、亲自张罗的。

在吃也吃饱、玩也玩够了之后，受赠仪式就开始了。首先是社长站到台上，主持人逐个点名，被点到的孩子将一个人登上台。

请大家想象一下这个场景：一个6岁左右的孩子和一个60多岁的偌大公司的社长同台面对面站着，社长一边说话一边把书包送给孩子，并给他背上。对于孩子来说，虽然肯定会紧张，但这是多么难得的一次体验啊！

孩子们在台上时紧张的神情和走下台时害羞的样子一对比，仿佛他们做成了一件了不起的事情似的。我永远都忘不了那一张张可爱的笑脸。

话已至此,即使有可能被说成是打广告,我也还是要声明一下,这个公司其实就是我所在的保德信人寿保险株式会社。

日本的保德信人寿保险成立25年了。最初只有15名员工,而如今已发展成为拥有4500名职员的跨国公司。

通过切身体验,我清楚地认识到,保德信之所以能在短短的25年间成长得如此之快,不仅仅是靠销售业绩,更主要的在于公司关心员工家庭生活的企业文化。

不管是请家属上台领奖的表彰仪式,还是给孩子们赠送书包的活动,可能都只是对员工家属的一点点关心。

然而,这种关心所产生的影响却绝对不容忽视。

在工作中,只有当整个公司的运作方式和经营者的思想理念产生共鸣的时候,二者才能发挥100%的力量。

迄今为止我所遇到过的优秀老板、杰出商人等,几乎没有一个不去关心员工的家庭生活的。

我既非专家也不是名人,发表这样的观点可能有些不自量力。**但是种种事例不是已经很清楚地表明:对员工家庭的关心与关注,正是公司经营过程中的重要环节吗?**

第四章

遗憾的瞬间——
如果注意到了
细节该多好

第四章

遗憾的瞬间——如果注意到了细节该多好

你能注意到微小的细节吗?

"你能注意到微小的细节吗?"

假如有人这样问你,你会怎么回答呢?

"无论是在公司还是在家里,我都是最留心观察周围事物的!"——敢如此断言的人应该不多吧!

"我几乎注意不到周围人的感受。"——这种人应该也只是少数。

"我在一定程度上可以关注周围的细节。"——恐怕多数人都是这种类型吧!

想来也是如此,生活中的我们都在以自己的方式关心着周围的人和事。

然而在生活中，你有没有遇到过这样的场景：

对方做的某件事让你既气愤又无奈："怎么回事嘛，好歹也应该考虑一下我们的感受啊！"

本章就针对这些生活中应该注意却被忽视了的细节，为大家讲述一些留下遗憾的事例。

古语有云："以人为镜，可以明得失。"

在看到别人做得不够周到细致时，对比一下自己，也许能对我们的生活和工作起到很好的借鉴作用。当然，我也并不例外。

起初的时候，你也许会感到厌烦，因为都是一些几乎不会被人看到的小事。

"这种芝麻大的事，根本不用如此费心吧！"肯定会有不少人是这么想的。

但是，所谓的大事，不也是一件件小事的集合吗？所以，请怀着这样的心态来阅读下面的故事。

为什么把零钱和发票一起递给乘客？

作为一名销售人员，我出门打车的时候还是很多的。

每次坐在出租车里，我都会主动和司机搭话："最近怎样，生意还好吗？"

通过这种方式，便可以很容易地了解到其他的地方在发生着什么事，甚至可以窥探出整个社会的变化，这些对我的工作都是很有帮助的。

搭乘出租车对我来说并不是简单地从A地到B地的移动，也是一段收集信息的行程，因此我很享受打车的过程，特别是最后结账的瞬间。

我打车多是由于公事，所以下车前肯定是得索要发票的。

"来，找您的零钱！"

根据我的观察，司机师傅们每次都会一边这样说着，一边把发票和零钱一起递过来，而且绝大多数情况下，会把零钱放在发票的上面。

"哎，这位师傅也是这样……"

其实让我感到遗憾的，正是这个瞬间。

"可是，到底哪里有问题？"

我想肯定会有人产生这样的疑问。

请大家仔细地想想看，**如果把零钱放在发票的上面，一下子全都递过来的话，你在装的时候会不会很费事？**

也许司机师傅考虑的是"如果客人着急的话，这样就能节省时间了"。

但这仅仅是司机师傅从他个人的角度出发考虑到的而已，因为我每次把零钱和发票装起来的时候，总要花一些时间。

打个比方，打车费用是1220日元，恰好身上零钱不够，于是给司机5000日元[1]。这样就要找回3780日元——3张1000元纸币和780元的硬币。

在这种情况下，多数司机都会把3张纸币放在下面，发票放在中间，硬币堆在最上面，然后一起递给我。

此时的我又是什么状况呢？一只手拿着钱包，只能用另一只手去接这3枚纸币、1张发票和若干硬币。而且相信很多人和我一样，

1　目前流通的日元纸币面值包括1000、2000、5000、10000等4种，其中2000元的纸币近年来比较少见，硬币面值分别是1、5、10、50、100、500。

习惯将纸币和发票放在钱包的不同区域。所以只用一只手来完成这么多事情，实在不是轻而易举就能办到的。

也许让硬币顺着纸币滑进钱包不失为一种便捷的方法，很多人都是这么做的吧！那么相应地，肯定也有很多人遇到过一不小心将硬币掉到车厢底的麻烦事吧！

不管怎样，费尽一番周折之后，必须保证纸币、发票和零钱都妥妥地装起来了，才能下车。

哎，实践证明，想把这个结算的过程从头到尾地表达出来，也不是三言两语就能完事的啊！

总而言之一句话：非但没有省时省事，反而把事情变得更加麻烦。

所以每次下车后我总会想："为什么不把零钱和发票分着递过来呢，这样应该会更方便的！"

司机应该先递过来不好拿的硬币，并报一下金额，等确认乘客已经收好后，再把纸币和发票拿过来。

这样既方便又避免了出错，说不定还节约了时间。

当然，这种情况并不仅限于出租车，在便利店、超市等地方结账时也是一样的。

特别是那些经常买东西的家庭主妇，想必更是深有感触了。

不过话又说回来，为什么他们习惯把找的零钱和发票一起递给顾客呢？

难道是怕急性子的顾客只拿到发票后以为人家忘了找钱，便迫不及待地冲着服务员嚷嚷，所以服务手册上就有了这样的规定？

但是，如果不考虑这些特殊的顾客群，还是把零钱和发票、收据之类的分开会更容易被接受吧！

如果真的是站在对方的角度考虑问题的话，这不都是很容易就能想到的吗？而且仅仅是举手之劳！

的确，即使把零钱和发票放在一起，也不会麻烦到什么程度。但是，这种为人着想、注重细节的能力确实是任何一项工作都需要的。细节决定成败，小事成就大事！

只不过是想要杯开水

有一次，我到一家寿司店去吃午餐。

由于和客人在一起，所以就稍微奢侈了一次，点了一份2000日元左右的寿司拼盘。这家店干净整洁，寿司也美味可口，总之，在这度过了一段愉快的午餐时光。

饭后，服务员端来了微温的茶水，但我当时正好喉咙干渴，想喝点清凉的白水，于是赶忙问道："不好意思，请问能来杯凉白开水吗？"

说实话，我还真是"白开水一族"，对茶水饮料都不怎么感兴趣，却相当偏爱白开水。特别是那天吃寿司的时候又是加酱油又是蘸芥末，喉咙实在不好受，就更希望喝口凉白开水来润润嗓子。

"要两份吗？"服务员问。

"对，来两份！"我帮客人也要了一杯。

然而，这名服务员并没有马上去端水，而是开始收拾我们桌子上的空盘子。

突然间，我觉得好心寒："为什么这么着急地收拾桌子呢？"

本来觉得这家店还挺不错的，可是服务员的这一举动使我对它的印象大打折扣。

那天我们是在这家寿司店最靠里的一个房间吃饭。可能对于服务员来说，先把空碗筷撤下去送到厨房，回来的时候顺便端两杯水的话，一个来回就能完成两件事。再考虑到进来脱鞋、出去穿鞋的这些麻烦的程序，确实是省了不少事。

其实服务员的这种心理我还是很理解的。但是想要喝水的可是你的客人啊！除了我以外，肯定还会有其他人想在用餐之后喝杯水的吧！

和菜单上的饭菜不同，水都是免费的。或许他们是觉得免费的茶水并不能给自己带来现实的利润，所以就没把它当回事吧！

但是我认为，正因为茶水是免费的，才更应该将其重视起来。

作为一名顾客，在吩咐服务员端来免费的白开水时，我也觉得挺不好意思。所以即使自己再干渴难耐，也没使用强硬的口吻。

另外，我想大家也都有过这样的经历：在一家熙熙攘攘的店里，即使吩咐了服务员上杯水，他们也有可能忙得忘记了，一直到最后都没上来。本来就是人家免费赠送的，再催一次吧，自己又觉得不好意思。

点的时候难以开口，点完以后易被忽视——这应该是免费的茶水给很多人留下的印象吧。所以一家餐厅如果想要与众不同，不用做别的，只要在客人点完茶水后马上送过去就行了。这足以使很多客人心生好感，而这家餐厅给人的印象也多半会是"服务周到"！说不定还会有人因为这一点而再次光顾呢！

由此可见，哪怕只是一杯水，只要我们稍加留意，它就有可能给公司带来积极的作用。当然，所谓的注重细节，并不是要怀着某种目的刻意去做这做那，只要从客人的角度出发，尽量提供一些能让客人感到舒适的服务就可以了。

还是就这杯水而言，是立刻端上来了？还是很久之后才端上来？两种不同的做法会使这家店给客人留下的印象截然不同。

而且，肯定还有人像我一样，即使你的店面再整洁、饭菜再可口，也无法弥补一杯水带来的遗憾！正可谓成也一杯水，败也一杯水！

高档餐厅中的不和谐

"我知道有一家餐厅的牡蛎做得非常好吃！"

在朋友的极力推荐和邀请下，我们来到了东京都内的这家和式餐厅。事情就发生在这里。

这家店坐落在某繁华商业街尽头的一条深邃的胡同里，周围并排着各具特色的日式酒家。古典的建筑风格搭配着现代的装饰，散发着一种高端优雅的气息。

进入店内，一眼就能看到这家店远近闻名的牡蛎摆放在玻璃柜中，光是看看就被勾起食欲了！

在吧台的椅子上坐下来点完菜后，我好奇地扫视着这里的一切。当目光落在厨房时，我不禁目瞪口呆了。**只见一个棕色头发的**

遗 憾 的 瞬 间 —— 如 果 注 意 到 了 细 节 该 多 好

妇女，把切好的黄瓜和海带装进一个保鲜袋后，正在咚咚咚地敲打着——难道这就是我刚才点的"拍黄瓜"吗？

"在这么高档的餐厅中，不应该用这么粗糙的做法啊……"此刻的我满是震惊与不解。

如果在一个廉价的大众餐馆见到这样的情形，我肯定不会感到吃惊。但这是一家人均消费将近一万日元的高档餐厅啊！竟然把黄瓜放在保鲜袋中敲打几下就做成一道菜，怎么想都觉得不搭调！

退一万步讲，即使这道菜的做法本身就不够高雅，那么至少应该回避一下吧！现在这样毫无遮掩地在顾客面前草草了事，岂不是倒人胃口吗？

虽然这一幕使我对这家餐厅的期待值降低了不少，不过后来端上来的牡蛎确实名不虚传，色香味俱全！

临走的时候，老板递给我们每人一个手提袋，并说："小小心意，就当作明天的早饭吧！"袋里装的是一个三明治，第二天早上一尝，相当不错！

鉴于所有的饭菜味道都很好，我们也觉得钱没有白花。

至于下次会不会再去，还真得再考虑考虑……

为什么呢？如此粗糙地在保鲜袋中做"拍黄瓜"自然是其中的缘由之一，其实还有另外一件事也令我非常介意，那就是大堂经理的着装礼仪。

那天结完账后，**大堂经理过来给我们送发票的时候，我无意间发现他西服里面白衬衫的袖口有些褶皱**！

　　估计这位年轻的经理经验太少，所以根本没有注意到着装这种细节问题。如果出门前衬衫没有熨平的话，那么把它藏到西服里面也没什么问题，可他伸手递发票的时候，正好被我发现了！

　　好不容易发现一个如此美味的料理店，这两件小事却使它在我心中的形象大打折扣，实在令人遗憾！

　　不是我挑剔，只是觉得既然你们餐厅的整体水平在这个档次上，那么员工的谈吐、着装、行为等是不是都应该与之相适应呢？

　　不管在哪个行业，有时候销售商品的人发挥的作用远远超过被销售的商品本身。

　　我们做人寿保险也是这样，同样的保险套餐，有的人能卖出去，有的人卖不出去，而且每个人的销售业绩也大不相同，甚至可以相差几倍。

　　如果商品本身是客户决定购买与否的唯一因素的话，那么每个人的销售额怎么会有这么大的差距呢？看来，客户在做决定的时候，除了看产品，还要看人啊！

　　仔细观察你会发现，我们生活的街区无时无刻不在发生着变化：有的店铺关门了，有的店铺开张了。新旧更迭，适者生存。我们不能对某些店铺经营不下去的原因一概而论，但是我想，是不是注意到了细节问题肯定占据着重要的一部分。

遗憾的瞬间——如果注意到了细节该多好

高级酒店的美中不足

回想起来已是很久之前的事了，那次我住在一个高级酒店。

有多高级呢？一晚上要55000日元，含3餐。吃饭是在房间外面的一个豪华餐厅，饭菜自然出自顶级厨师之手。

房间的大小自不必说，室内装修是兼有日式与西洋式的现代流行风格，一张大双人床、一个露天浴池，透过明亮的窗户向外望去，景色宜人、神清气爽！

除此之外，室内还配有最新型号的大屏液晶电视、DVD等。

牙刷、香皂等一次性用品也各具特色，每一件都十分精美；除了备有材质优良的浴巾之外，睡袍、浴衣、室内便衣等，都配备得相当齐全。

总之，凡所应有，无所不有。

与之相应地，这里的服务也是一流的！

无论从哪方面来讲，这都应该算作一个无可挑剔的酒店。**然而只有一件事，让我不那么满意。**

虽然有些不好意思，但还是说吧——剃须刀！

当然，这并不是只有这家酒店存在的问题。根据我的经验，即使再高级的酒店或宾馆针对这一点都做得马马虎虎。

最近，4个刀头的剃须刀已经开始流行，剃得确实很舒服，而且几乎随处都可以买到。可是无论哪里的酒店，为客人准备的却几乎都是两个刀头的。

我的胡须比较浓密，所以对剃须刀还是有一定要求的。多么希望在某天住宾馆的时候能发现一种剃须刀使我由衷地发出"真舒服"这样的感叹啊！然而遗憾的是，至今一次都没有过。

无奈之下，在外出差时只能把自己的剃须刀随身携带着！

能带上电动剃须刀是最好不过的了，不过为了减少行礼重量，我通常只带一个T型的刀头！

如果宾馆或者旅店能准备滑顺舒服的4刀头剃须刀的话，我就没必要自带了，那该多省事！

一般来讲，高级酒店或宾馆的服务宗旨应该就是最大限度地为客人提供舒适与便捷。比方说，饭菜要等不凉不烫温度正合适的时候再端上来；毛巾也会准备多条，以备客人的不时之需；室内便衣也会多种多样，就是为了满足客人们的不同品位……

第四章

遗憾的瞬间—— 如果注意到了细节该多好

"我们会竭尽全力满足您的所有要求，不会让您感到任何不适！"在高级酒店中经常会听到服务员这样对客人承诺。当然他们确实也会这样做：无微不至地给予关心和照顾，千方百计地提高服务质量……这些都配得上"高级"二字，可为什么剃须刀偏偏不那么和谐呢？

对于我个人来说，随身携带剃须刀的感受和出差背着浴巾是相同性质的。

一个剃须刀到底值多少钱我并不清楚，但我敢肯定的是，由于刮胡子这件事而对酒店不满意的人肯定不止我一个！

诚然，百人百态，众口难调，想要满足所有人的喜好是绝对不可能的。**但如果酒店能够意识到自己以前考虑得欠周到，而且加以弥补的话，那么我想客人肯定会心存感激的！**（如果正在阅读此文章的你是一名酒店或旅馆的工作人员的话，请务必反思一下自己之前为什么没有想到要准备4刀头的剃须刀！）

结账时的微妙关怀

非常抱歉从开篇到现在一直在说微不足道的小事，接下来的这件也是只有细心体会才能意识到的，但确实有必要提一提——在酒店、旅馆，甚至是餐厅、酒吧等地方结账时候的事。

请大家想象一下这样的场面：你要请朋友泡温泉，或者要在某高级餐厅接待客户。此时，你是请客的一方。很多酒店是不能在自己的房间或餐桌上结账的，那就不得不在离开的时候到前台收银处去交钱。

有些地方的收银员会把消费明细列在一张小票上递给你，然后默不作声地等你确认，这种做法没有任何问题。

还有些地方会将金额显示在收款机的显示屏上，或者收银员把

遗憾的瞬间——如果注意到了细节该多好

消费小票递给你的同时还要补上一句："您总共消费24500元整！"——"哎，真是的！"每当遇到这种情况，我总觉得特别别扭！

钱是一个多么敏感的字眼啊！况且很多人在请客的时候是不希望对方知道花了多少钱的，所以结账的这个瞬间更应该注意这些问题了！

之前发生过这样一件事。我在公司带的一个新人成功地约见了100名注册税务师，也算是完成了一项规定的任务。作为奖励和祝贺，我应该请他吃顿饭的。

不过转念一想，如果只有我和他两个人的话，再丰盛的庆功宴最终也不过是变成工作的延续，估计他也没办法尽情地享受这段时光。所以，不如我来出钱，让他和另外一个亲人或朋友去分享这份喜悦。

"干得不错啊！我说过要给你庆祝一下的，有位客户向我推荐过一家非常不错的意式餐厅，要不你带妻子去那里尝尝吧，我就不去了！"

"咦？真的吗？"他一副喜出望外的表情。

"看吧，你都没说'我想和川田先生一起分享喜悦！'这样的话……"我笑着说道。脸上虽然带着笑容，心里却感到些许失落，甚至已经做好了遭其吐槽[1]的准备……不过话又说回来，他前段时间

---

1 "吐槽"一词来源于日本漫才（类似于中国的相声）里的"ツッコミ"，是指从对方的语言或行为中找到一个漏洞或关键词作为切入点，发出带有调侃意味的感慨或疑问，相当于相声的"捧哏"，后来延伸为御宅族次文化常用的词汇之一。

那么忙碌，肯定没时间好好陪妻子，还是让他俩去更合适些！

在他们去用餐的前几天，我特意到那家餐厅去了一趟。

"过几天我一个公司的后辈会来这里吃饭，到时候好好招待一下啊！"

我和餐厅的老板打好了招呼，并预先支付了足够的费用。

我为什么要事先专门跑一趟去把账结了呢？其实就是不想让他俩知道到底花费了多少钱！

起初我是想和他说："你们尽情吃吧，结完账后把发票拿过来我给你报销！"但如果这么做的话，他们在点菜的时候肯定会考虑到这顿饭是我请的，过后要由我来报销，估计还是做不到百分之百的尽兴！

与其这样，倒不如完全消除他对钱的顾虑，提前把钱付了就是了。他若知道了价格，也许会觉得亏欠我，还是避免这样的好。

当我们约女孩子或者约客户吃饭的时候，不也是一样的吗？

如果花得多了，对方知道后会觉得过意不去；相反如果花得太少了，说不定人家会对你有意见或发生什么别的事。

当然，也有些人就是故意想让对方知道"为了请你我可破费了不少啊"。还是那句话，百人百态，什么事情都不可能是千篇一律的。

大约20年前，我还是学生的时候，曾在一本杂志上看到过一篇关于"约会法则"的文章。上面是这样写的："结账的时候，要利用好她吃完饭去洗手间的瞬间，而且结完账之后也要表现得若无其

第四章
遗 憾 的 瞬 间 —— 如 果 注 意 到 了 细 节 该 多 好

事。"总而言之，就是不要让对方因为钱的事而产生任何顾虑。

我们在处理与金钱相关的问题时，一定要保持高度敏感警惕的状态，因为处理得恰当与否有时会对人际关系产生很大的影响。

像我们经常出入的家庭餐馆或者大众酒吧之类的倒也没这么多讲究，关键是在特殊情况下才会去一次的高级酒店、高级餐厅，正因为去得次数少、客人比较重要，在结账的时候更应该谨慎对待。

根据我的评判标准，即使在那些标榜自己提供一流服务的高级酒店中，对某些服务人员行为举止的训练还是稍欠火候的。**请不要让付钱者以外的人看到消费金额，更不要把它念出来**！这是我内心深处的愿望。

遗憾中暗藏着机会

在本章节中已经讲述了很多在细节方面做得不够充分的事例了，大家看了以后有什么想法呢？

也许你和我有同感——"确实是这样，我也遇到过这些尴尬！"

也许你的态度模棱两可——"好像有些道理，但我并没有在意。"

也许你并不认同我的观点——"这个人也太较真了吧，简直是鸡蛋里挑骨头！"

确实，关于司机师傅把零钱和发票一起递给乘客、服务员不先给客人上水反而先收拾桌子之类的情况，有的人会感到不满，有的人则会觉得再平常不过。我也并不否认这种意识上的分歧。

但是，**如果要超越这种"平常"的话，需要的也许只是一个小**

小的改变，而这种改变在工作中发挥的作用却是不可估量的！

况且，所谓的"平常"，是个什么样的概念呢？世间有千行百业，我们不能一概而论。而这里的"平常"应该只是这个行业中最常见的行为举止在人们心中留下的印象吧！

下面我再举这样一个例子。

假设有一天你得了重感冒，到医院看医生，在嘈杂混乱的候诊室等了一会儿之后，医生叫到你的名字。进入诊察室，检查、注射，最后到前台取药，缴完费后女护士关心地问候一句"保重"之类的话，你便拿上药回家了——

这可以说是看病时最平常不过的一个流程了。

我们继续假设！

走到门口时你突然发现：下雨了。

"欸？下雨了啊！从这儿到停车的地方也就二三十米，冒雨过去应该也不会淋得太湿吧……"

正当你决定冲进雨中的时候，从前台处传来了一个甜美的声音：

"XX先生，带伞了吗？"

你应声答道："哦，没带。"

"那我把您送到车上吧！" 说着，那位女护士就把伞撑开了。

"没关系，没关系，我车停得不远！"你并不想麻烦别人。

"您现在已经感冒了，淋雨的话会更严重的！走吧！"女护士如此坚持，你也不便再推辞。于是她打着伞，尽量不让你淋到雨，走到车前，打开车门，直到确认你已经坐好后，笑容可掬地送来一句："注意身体，早日恢复健康！"然后才把车门轻轻关上。

如果是这样的医院的话，下次生病的时候会不会还去那儿呢？

我曾在演讲的时候举过这个例子，大家都"嗯嗯"地颔首以示赞许。当然我自己也不例外，若能遇到这样的护士，肯定下次还去那里！

但是，如果这一幕发生在高级餐厅或者是其他吃饭的地方，又会怎样呢？

用完餐准备离开的时候突然下雨，老板娘替你打着伞帮你叫出租车，最后说一句"欢迎下次光临"后把车门关上。

你也会对这家餐厅满怀感激甚至被老板娘的关心所感动吗？我想应该不会吧。

为什么会产生这种落差呢？**因为我们对不同行业服务水平的期待值不相同。**

饭店的老板娘给客人打伞、帮客人打车已是司空见惯的事情，可以说是"平常"；医院的护士用这种方式呵护病人的情形几乎没有，因而换来的是"感动"。

看来，在服务行业中，一个多数人尚未注意到的细节就会使客户产生"再次光临"的欲望。

前面提到了很多略带遗憾的事例，可能现在仍然有人觉得这很正常。这就说明多数人尚未意识到这一点，所以如果你能在"正常"的基础上再稍加用心的话，哪怕只是一点点，也一定会有意想不到的收获。

无论哪行哪业，任何一个存在遗憾的地方肯定同时暗藏着机会！

所以也请大家再一次认真审视自己"平常"的工作，发现不足，努力改善。因为你今天的遗憾很可能成为明天取胜的筹码！

第五章

细节意识养成法则

首先需要观察和感知

"川田先生,您在工作中是怎样做到这些的呢?"

在我参加公司演讲或研讨会的时候,经常被问及这个问题。特别是那些直接与客户打交道的销售人员,更是对此充满了好奇。

前面的章节中已经对"微小细节"的重要性进行了详细的说明,那么在本书的最后一章中,就和大家分享一下我在平时生活工作中是如何发现并活用细节的。

对于已经重复了很多遍的"把公文包放在手帕上""将自己的车停在距离客人专用停车场最远的地方"等,与其如我所写的那样称之为细节,倒不如把它们视为销售技巧更合适。

相较于这几个技巧,我更加重视的是另外两种能力——观察和感知。

打个比方，我现在要开车去拜访某位客户。**从我进入对方公司停车场的那一刻开始，周围的事物就开始向我透露讯息了**，仿佛有一个个声音在告诉我："我们公司是这样的……"而我的销售工作，也正是从倾听这些声音开始的。

什么意思呢？让我们来举几个例子吧：

如果停车场中放着很多轻便型自行车，那么它可能是在告诉你："这个公司有很多女职员。"

如果停车场通往办公楼的柏油路上干净整洁地连棵杂草都没有，那么它可能是在告诉你："这个公司的整体氛围是利落、严谨而又井然有序的。"

如果进入办公室时员工们都积极热情地接待，那么它可能是在告诉你："这个公司非常注重培养员工的社交能力和职业修养。"

如果正好这家公司有鞋柜的话，仔细地观察一下这些鞋都是怎么放的。有的公司会摆放得井井有条，而有的公司则很随意。我们常说**看一个人的房间就能知道他是什么样的性格，同样地，通过员工拖鞋的摆放方式也可以多少感受到公司的处事风格。**

……

当然，我并不想以偏概全，这也只是我的经验之谈。但通过倾听这些来自四周的声音，我们至少可以了解一下自己将要和什么样的人打交道。

总结起来，就是先观察而后感知。

第五章
细节意识养成法则

也许又有人发问了：为什么这两件事如此重要？

因为知己知彼方能百战百胜，对于销售工作来讲更是如此！试想，在对客户全然不知的情况下，怎么向他介绍产品进而卖出产品呢？恐怕连如何开场都是个问题吧！但是**如果你通过细心观察得到了某些信息，那就很容易把握谈话的方向和要点了。**

大家想想看，是不是这个道理？

我想告诉销售人员的是，即使是初次会见某个客户，也不要因为不了解对方而感到紧张，用眼观察用心感知吧，周围的事物都在向你提供信息呢！

下面和大家分享一个我自己的故事。

那次我要拜访的是一位四十五六岁的年轻社长，公司虽然不算大，但他本人在当地很多协会担任要职。

"为什么年纪轻轻地就能活跃在这么多协会当中呢？"

我一直对这个问题感到不解。直到来到他的办公室进行了一番观察之后，这才恍然大悟。

在他的办公室，一共挂着7本日历！而且是同一个月份的！

从实用的角度出发，有一本不就足够了吗，何必弄这么多？

仔细观察才发现，原来每本上面都有不同的公司名称！

啊——原来是把客户公司送的日历都挂在墙上了啊！他应该是想时刻提醒自己，公司能取得今天的成就完全离不开客户们的关照吧！难怪他如此年轻就能取得这么多协会的信任了！

当然，在初次见面的那个时候，这些都还只是我的推测。

关于销售人寿保险这份工作，前面已经提到过很多次了。几乎不会有谁主动对你说："我非常中意这个保险套餐，一定要买一份不可！"相反，多数人的态度都是："**我可以听你介绍一下，但现在真的没有买保险的打算。**"所以对于我这行的人来说，和一个初次见面的未知客户谈论什么样的话题，是非常重要的一件事。

这位社长是我的另外一位客户介绍的，虽然好不容易得到机会可以和他见面，但他似乎对人寿保险毫无兴趣。

进行了短暂的交流之后，我引出了一个新的话题："请恕我直言！我在来之前就一直在想，能够受到这么多协会青睐的人，要么在当地德高望重，要么来自大型企业……可现在您还这么年轻，公司也还有待发展，凭什么担任那些协会的要职呢？这个问题虽然困扰了我很久，但见到您之后，我想我已经知道答案了！"

这位社长没有说话，只是用一副期待而又怀疑的眼神看着我，仿佛在说："我倒要听听看你所谓的答案是什么！"

我又扫了一眼墙上的7本挂历，开口说道："……应该是因为您比较注重人际关系吧！"

社长听完后瞬间笑了出来："哈哈，被你这么一说还真挺不好意思的，不过确实如此啊！"

他的表情缓和了不少，之后的谈话也比刚开始时轻松了许多！

虽然那天仍然一直没机会谈论保险的话题，不过临走之前我开玩笑地向他提出请求："**下次见面的时候，您能不能拿出一个小时**

的时间听我讲讲人寿保险呢？"他竟爽快地答应了!

我觉得这就是观察和感知的力量，不仅使当天的氛围由紧张变为愉快，而且也为下一次的谈话做好了准备。

当然，我们根据周围的事物推断出来的结论不一定都是正确的，还需要在谈话的过程中继续运用观察能力和感知能力才能把握住对方的脾气秉性。

各位读者，相信在你们的工作当中，这两点也会起到非常重要的作用!

迎合对方的情绪

在与客户交谈的时候，首先要做的是观察和感知，然后则是像调节收音机的波段频率一样，调整自己的言谈方式以迎合对方的情绪。也就是从对方的立场出发展开交谈。

在我的客户当中，很多人在谈话之前持有的态度都是"不想听到任何关于保险的事情"，所以我更应该试着从另一个方向寻找切入点。

假如我一见到对方就开门见山："您好，我是XX人寿保险公司的XX，今天冒昧打扰是想问问您有没有买份保险的意向……"

那么得到的回答多半会是："哦，不好意思，暂时没有这个打算！"

当然，运气好的时候也能碰上这样的客户："正好我最近也在考虑！"

虽然遇到第二种情况的几率微乎其微，但碰到一次就足以让销售人员欣喜若狂了！然而，我并不希望得到这样的回答。

如果对方恰好对保险的事情感兴趣，那么接下来就不得不谈保险了。

好不容易碰到一个愿意听你介绍的人，为什么反而是你不愿意了呢？大家肯定都在纳闷吧！

因为在对对方完全不了解的情况下就直奔主题的话，万一最终没有谈成，那我可能就彻底地失去了这个潜在的客户了。这才是我真正不愿意看到的。所以我更喜欢先对客户进行了解然后再卖我的东西。

不过幸运的是，十有八九的情况都会是第一种（若用"幸运"二字来形容，想必又要引起不解了）。**面对这种否定的态度，我通常会接着问下去："哦，是么，我知道了。看来多数人都是这样啊！不过我很好奇，您为什么没有这方面的打算呢？"**

就算是不愿意买，理由也是因人而异的。比如，有的人是怕自己的意志抵挡不住销售员们的三寸不烂之舌，到最后迷迷糊糊地就买了；也有的人是讨厌被人纠缠着买东西的感觉。

通常情况下，客户会找个托词应付一下，而不会将真正的理由直白地告诉销售人员。但有一次，一个客户就很直接地把我拒绝了，并将其拒绝的理由告诉了我。或许这位客户的想法是：销售人员有必要知道我为什么不买他们的产品。

"对方不愿意买"，如果这是一个事实，那么我们就不应该无视它！

既然自己想和对方谈保险，那么就应该直面它的一切，故意掩盖负面信息只能让谈话进行不下去。

"既然您这么明确地表明了态度，那么我现在坐在这里肯定已经让您感到厌烦了吧。实在是抱歉！"

销售人员在听到对自己不利的信息后往往会想办法用什么东西将其遮掩起来，也许回避事实能使谈话持续的时间稍微长一些，但最终的结果多数还是被拒绝的。而且可能你还没弄明白原因，谈话就彻底结束了。

看看那些销售业绩上不去的人，是不是多数都是置客户的情绪于不顾，只会按照自己的意愿喋喋不休？

作为一名销售，谁都想把自己的东西卖出去，而且满脑子都是产品的卖点和优势。我也不例外。但是几乎没有一名顾客也单纯地考虑这产品有多好。不仅如此，多数人对于"被推销"是持有厌烦的态度的。

而这一点对于销售人员来讲就是"不利的信息"！面对这种不利，多数人会说服自己将其忽视，心里不断呐喊着"我要卖出去、卖出去"，所以会硬着头皮继续和客户纠缠。

在这种情况下，双方考虑问题的出发点是完全不吻合的，又怎么能有共同语言呢？

第五章
细节意识养成法则

正因为如此，我不会一开始就以"非卖出去不可"的姿态和对方交谈，还是先了解他的态度和情绪比较重要。

那么先谈什么话题比较好呢？**比如说，出生地！**

假如对方说出生在沼津[1]，那你就知道他是在一个靠海的地方长大的。然后你可以把握谈话的主动权，像抽丝一样对他的身世进行一点一点地了解。比方说他现在是在东京工作，那么你可以这样继续问：

"什么时候来东京的呢？"

"毕业之后就来了！"

"那么是在哪里上的学？"

"一直在沼津读书。"

谈到这里，你可以对他的成长过程有个大致的把握了，他受沼津地区风俗习惯的影响比较大。

"你刚来东京的时候住在哪里啊？"

（情形一）"住在自由之丘[2]。"

（情形二）"江户川区有个瑞江[3]听说过吗？当时就住在那儿！"

这两种回答给人的印象可是截然不同的！

如果你知道了他曾经在哪里生活过，那么就可以模模糊糊地窥探出他的性格倾向或是价值观了！（当然，只是推测而已。）

---

1 沼津：位于日本静冈县东部，濒临骏河湾。
2 自由之丘：位于黑目区南部，是东京有名的住宅区。周围景色优美，交通便利，商业设施齐全。
3 瑞江：江户川区的一个不起眼的地方。

总之，通过谈论出生地，你可以对他有进一步的了解，自然也就知道谈产品的时候该如何对症下药了。

迎合对方的情绪并不是只能通过语言表达，有时还需要行为。

例如在第三章中举过的那个例子。我在拜访一位畜牧业的社长时，他带我参观了养殖场。

社长专程从家开车到养殖场，就是为了带我去看看他的8500头牛——一个不小的数目，而且场面相当壮观。

车在养殖场的前面停了下来，我试探着问道："我们可以下车走过去看看吗？"

"行是行，但这种地方可不干净，到处都是牛粪，而且臭味很重！"

"没关系的！我生平都没见过这么大的养殖场。现在好不容易到了跟前，如果只是站在远处望着而不走进去体验一下的话，多么遗憾啊！"

"那，好吧！"

得到允许之后，我们便走进了一个牛棚里面。社长不仅向我逐一介绍了每头牛，而且还教我如何喂牲口，并向我展示了牛床和堆肥用的机器……估计谁都想不到一个卖保险的竟然做出这么荒诞无稽的事情吧！

之所以坚持这样做是因为我知道，那个养殖场是社长最珍爱的地方，是一个记录了他的过去、成就了他的今天的地方！

所以我想走到那位社长的工作环境中去，亲自体验他每天的工

作、感受他的心情……就是为了能对他有更深的了解。（当然，如果把它当作一次纯粹的参观学习也未尝不可！）

对于一个老板来说，工作场所就是他最喜欢的地方。如果我们不爱其所爱的话，怎么能迎合对方的情绪呢？

如果一笔生意做成了，那么买方和卖方的意向肯定有重合的部分。例如超市里的售货员和顾客，一个想卖一个想买，二者的想法是一致的！

但是在销售的过程中，往往买卖双方考虑问题的出发点是不同的，所以销售人员应该首先迎合客户的意识，然后通过交谈最终达到买卖的目的。

我平时几乎不看报纸，至于书，一年能读上3本就不错了，而且经济类的书是一概不读的。我的信息来源主要是电视，特别是搞笑的电视节目。

作为一个生意人，竟然不读书不看报，反而偏爱搞笑节目，这是不是有点失职呢？其实，我只是觉得从电视节目中可以学到更多对工作有用的东西。

演员在逗人笑的同时，要一边观察观众席的反应一边迅速做出相应的判断和调整，也就是要根据现场的气氛随机应变。特别是说相声的时候，更需要这种能力，有时为了吸引观众的注意力，还需要进行即兴表演。不管是台词还是语速，完全地按照排练的来演而全然不顾观众的反应是绝对不行的！

所以，演员能够如此受欢迎，绝对不仅仅是因为节目内容的趣味性，他们对观众的体贴入微也占有很大的因素吧！

带着这种态度再去看搞笑节目的话，就能从中受益匪浅了！

俗话说：台上1分钟，台下10年功。演员在人前的光辉灿烂离不开他们在背后付出的汗水。但只是工夫到了还远远不够！一个相声演员即使把台词背得滚瓜烂熟，上台表演时不会调节气氛的话也是难成大器的。销售员和演员一样，能够沉着冷静地在客户面前滔滔不绝，自然离不开事先的练习。但我们每个人获取的信息都要经过大脑的筛选整合，你所传达的信息和客户所接收的信息是不是一致也是一个不容忽视的问题。

观察感受对方、改变调整自己，这不仅是演员的必备技能，也是在所有行业中都适用的工作方式！

客户寻找的是值得信赖的人

也许有人会觉得奇怪："如果我为了迎合对方的情绪，自己心里也想着'他不想买我的东西'的话，那这笔单子不就谈不成了？"

其实不然。有时候就是需要首先认同对方的想法，然后顺水推舟，最终反而能把东西卖出去。

在销售行业，甚至所有的服务行业都存在这样一个不容忽视的事实——**客户并不单纯地想从眼前这个销售手里买到产品本身，他们同时希望能有一个值得信赖的人来帮他解决日后可能遇到的问题！**

还是以保险为例。假设某天遇到一位老客户，突然他有些不安地问你："我从你们这里买的那份保险，靠谱吗？"

　　这种情况其实是时有发生的。对方之所以这样问恐怕不是因为他想再买一份保险，而只是他对现在的这份保险有些疑虑，希望值得信任的专业人士能够为自己消除这些不安的因素吧！

　　所以这时候你只需这样回答："您加入的这份保险完全没问题！"然后针对客户的疑虑逐一进行解释，最后告诉他："所以您是没必要再买一份的！"这样问题就解决了！

　　万一连你也觉得眼前的这份保险不足以解决以后的所有问题，那就可以委婉地给他个建议："您加入的这份保险目前来看是没问题的，等您有了孩子之后，可以再考虑一下这个套餐！"并向他介绍一下新套餐的内容。这样一来，也许若干年后他真的会再来找你买保险。

　　如果产品的性能、价格等差之甚远则另当别论，可如果差别不大的话，客户在决定买或者不买的时候除了根据产品本身来判断，还会考虑很多其他的因素。因此，对一名销售人员来讲，取得客户的信任是非常重要的。

　　我们再来举一个例子。

　　假如你现在想买一台DVD，那么你会选择大型连锁家电商场呢，还是附近的代理店？

　　单从价格来看，商场会比代理店便宜一些。

　　如果你自己精通家电知识，不管遇到多复杂的问题都能自己

第五章
细节意识养成法则

修理好的话，那么到大商场去买会更合适；但如果你对家电之类的一窍不通，不要说修理了，甚至连用都不会用，说明书也看不懂的话，那就应该选择代理店了。因为在代理店购买的家电，不管什么时候遇到问题，只要打个电话马上就会有工作人员上门维修。

从一家大型家电生产商处了解到，近几年来，通过个体经营的商贩和代理店销售的产品量正在逐年递增，特别是在中老年客户群体中，这种现象尤其明显。

至于原因，相信大家都已经知道了。对于那些不懂家电的人来说，他们在做选择的时候，除了考虑价格因素之外，还会对能否提供周到的售后服务非常重视。也就是说，他们是在寻找一个能为自己解决问题的人。

通过这两个例子，大家应该对标题有进一步的理解了吧！

要想解决客户的问题，我们首先要发现问题。如此说来，设身处地地体会对方的心情和处境、了解他的想法和苦恼就很有必要了。

总而言之，取得客户的信任，解决客户的问题，如果能做到这两点，客户也许会主动向你购买产品呢！

客户真正需要的不一定是产品

正如刚刚提到的，"取得客户的信任，解决客户的问题"，可见信任是前提。但是具体应该怎么做呢？

其实，建立信任关系很容易——**了解客户真正想要的，然后尽自己的力量去满足他！**

所谓"客户真正想要的"，不一定就是属于公司能力范围的产品，有时候，也可能是销售员力所能及的非产品事物。对于做保险的人来说，工作中会结识各行各业的人，如果把从某个人身上得到的感想分享给自己的客户，那么对方一定会乐于接受的吧！

以我为例。由于我做个人保险的同时也做企业保险，所以和各种公司的社长们接触的机会比较多。我从中明白的一个道理是：所有企业的高层领导们考虑的问题都是差不多的，那就是如何实现公司利润的最大化，他们时时刻刻都在想着如何才能达到这个目的。

所以，每次拜访公司社长时，**我总会首先避开保险的问题，而是找一些关于提高营业额的话题与之交谈。**比如：

"我知道有一个公司曾经尝试着……而且取得了很大的成功。"

"有一个公司在发放福利时别出心裁，受到了员工们的极大欢迎！"

"贵公司也举办一个这样的研讨会试看呢？"

……

相信没有一个老板会拒绝了解其他公司的成功经验，所以这样一来，他就降低了对我的戒备，我们也就有话可谈了！

要想获得对方的信任，细节很重要！

不过，我说的细节并不是指对方叼起一根烟，你马上给他点上这种表面的肤浅的关心，而是真正能够满足对方需要的、给对方带来益处的举手之劳。

"对这个人来说，最重要的是什么？"

"这个公司最需要的又是什么？"

"我现在能帮上什么忙？"

只有对对方进行了仔细的观察，对自己进行了客观的认识之后，才能够发现这些细节。

"尽量满足对方的需求"，很多人是明白这个道理的，但能将其应用到实践中的人却寥寥无几。

135

很多人的想法是：我也知道应该尽量帮助客户，但是自己的经验、知识和能力都有限，实在是心有余而力不足！

但是请这些人换个角度想想：正因为这件事不容易做到，所以才有人会反复尝试。做到了，人家就能超过你，很远很远！

我还在瑞可利株式会社工作的时候，**就经常把客户带到公司来。**

那时候的瑞可利已经很有知名度了，本身就是一个成功的例子。我把客户带到这里来，就是为了让他们有机会亲自感受一下大公司的精神风貌和工作方法。贴在墙上的销售业绩表、吊在天花板上的各部门的"营业目标"等，虽然这种激励形式在瑞可利已是司空见惯，但对于很多公司来说仍然是很新奇的。甚至瑞可利员工对于一件事情的语气态度、应对方式都值得某些公司学习。

这些都只是简单的例子。**假如某天你也替客户想到了一个好主意，也可以大胆地和他分享，外行人看到的问题也许真的是他们从来没有注意过的！**

无论大事小情，最重要的是注意发现客户内心追求的、能带给他喜悦的事物。这个细节就是取得对方信任最有效的方法！

不向视力好的人推销近视眼镜

销售是一个用数字说话的行业，一个人的销售能力强与不强，一眼就能看出来。

根据我的观察，那些能力不强的销售人员并非运气不好，其实他们有一个共同的毛病——急于求成。"赶快买我的东西！"这就是他们内心深处对待客户的态度。相信其他服务行业也存在这个问题吧！

我们以眼镜店为例。

如果眼镜店的老板见到有客人来后，不问他的需求也不给他测视力，而是一股脑儿地把各种眼镜摆成一排让他去挑，这不是很可笑吗？

所以我每次和客户聊天的时候，总会先把态度明确："您千万不要顾忌情面问题，我也不会强迫您来买保险。只是希望您听完我的介绍之后，客观地想想自己是否需要，如果不需要的话，我保证不再提这件事。无视客户需求的销售我是不会做的，万一我哪句话有这种倾向，也欢迎您批评指正！"

听起来这是一段长他人志气灭自己威风的开场白，相信对方也明白这一点。但正因为如此，对方才会放松戒备静下心来，"既然话都说到这份儿上了，那我好歹听他介绍介绍吧"，多数人都会这样想吧。

我原来做的工作就像不管三七二十一地让客人挑眼镜一样，不用问对方是否需要该产品，也不用在乎对方最需要什么样的产品，正因为如此我才选择了转行做保险的销售。

我们也可以用医生来做个类比。当一个病人进入诊断室后，医生不检查、不验血、不听诊，而是直接开个药方让他去买药，有谁敢找这样的医生看病呢？这样的经营方式肯定是不能被接受的。

上一篇中已经说过，客户实际上是想找一个值得信赖的人帮自己解决问题。

如果在谈话过程中发现，对方并没有买保险的需求（也就是没有需要通过买保险来解决的问题），那么我会对保险的事只字不提；相反，如果发现他有这种需求，那么我会为他进行详细的介绍。

我相信这并不仅适用于人寿保险的销售，对其他行业肯定也同样适用。

假如我是一个推销空气净化器的：

"您好，我是卖空气净化器的，请问你有需要吗？"

"谢谢，不用！"

"哦，是么。"

刚一开始可能都是诸如此类的对话，但是如果后来她突然说了这样一句话："其实我丈夫挺爱抽烟的，弄得房间里空气不是很好。"

那你就应该立刻捕抓到：这是一位潜在客户。

"哦，是么。正好我们有一款产品可以帮您解决这个问题……"这时，你就可以把商品目录拿出来给她看了。

多数人对推销员的印象是：一帮千方百计让你买他们东西的**人！所以在一开始的时候就会给其带上"强行推销"的帽子，并将其视为自己的对立方，时刻保持着高度警戒的精神状态。**

所以我首先会告诉对方："我不是你的敌人！"

用这种方法，我已经成功地谈成了2000多笔单子并与客户们保持着良好的关系，而且其中99%的客户都是由另外一些客户介绍认识的。

只卖给有需要的客户，只卖客户需要的产品。这样客户才能真正得到满足。

我时刻将这一点牢记在心中，不仅是为了将产品卖出去，更重要的是为了与客户保持长期的合作关系。

没有量的积累，就没有质的飞跃

要想在工作中灵活地运用前面提到的这些细节，有个前提是务必达到的，那就是量的积累。

销售工作，说白了就是和客户进行一次又一次的生意谈判。

尽管不同行业的工作性质和工作方式各不相同，但无论在哪个行业，越是经验丰富的人就越有自信，越能做到临危不乱。

一些新来的销售员往往会因为自己卖不出东西而焦虑不安，可越是焦虑，尽快成单的心情就越迫切。

"真的好想卖出去，哪怕一件也好！"

"无论如何，我一定要想办法卖给这位顾客！"

"统统都要卖出去！"

在这种心情的驱使下，他们通常只会注意到眼前的这一个机会。

由于过于急切，他们所有的话题都在围绕所要卖的产品，没有办法泰然自若地了解对方的需求，更注意不到其他的细节。

而这样做的结果，多半是招致了客户的厌烦，不但生意谈不成，反而形成恶性循环。

为了避免这种情况的发生，我们必须积累足够的谈判次数。

大家都已经知道了，我在和客户初次见面的时候一般都不谈论保险，而是通过其他的话题来了解对方，同时让对方了解自己。

"我现在不需要！"

至于那些断然回绝的人，那就随他什么态度吧！哪怕他完全不放在眼里也没关系，我可以在接下来的谈话中循序渐进地让他认识到保险的必要性。如果他到最后主动要求你介绍保险的情况，那你的目的就达到了；如果没有，那也是不赔不赚。

我之所以能够如此淡定，是因为我通常会同时进行好几个客户的谈判。如果只拘泥于眼前的一个机会的话，心情肯定会过于紧张，该注意的地方注意不到，自然不会有好的结果。

所以，量的积累至关重要。

我有时候会觉得，其实工作和转盘子是一样的。

如果把工作比作盘子的话，转大盘子（大额单子）固然帅气，同时转多个小盘子（小额单子）也是很了不起的。

而新来的销售员则一般会从一个一个的小盘子开始练起，在练习中学习并掌握转盘子的基本技巧。然后慢慢地同时转两个、三个……最终能够操控大盘子。

诚然，每个销售员都希望同时转起多个大盘子，但这是很有难度的。想要达到这种水平，需要更多的技巧和练习。

可是，不管你的技术有多高、经验有多丰富，盘子总有落地的时候。

既然早晚都会掉下去，那就不要死死盯着眼前的一个盘子了。一旦开始了第一个，我们应该想着如何转好第二个、第三个……

也就是说，需要积累一定的数量。

当我们转的盘子数足够多的时候，即使某个盘子突然掉下来了，你也不会再介意了，因为它对整体产生的影响已经可以忽略不计。

所以，当我们做某件事情不成功时，就让它过去好了，把精力放在下一件事情上才对。

如果能养成这样的心态，那么销售过程中就肯定能保持冷静的头脑，可以调整自己的言谈举止，可以从对方的角度考虑问题，可以注意到更多的细节！

这样一来，客户也会因为被关心而感到温暖，工作也能进入良性循环了！

不逼自己一把是不行的

我收到过不少读者和听众的来信，其中有件事情让我感到些许担心。

不少人在信中这样表达自己的感受：

每当上级给我们设定目标，而自己又难以完成的时候，我总会觉得是不是自己不适合这份工作？听完川田先生的讲述，心里的石头也算落下去了。工作中最重要的不是我们做过了多少，而是要以最佳的精神状态迎接下一个任务。

对此，我的观点是：以最佳的精神状态对待工作固然没错，但既然上级给你设定目标了，就一定要漂亮地完成才行！

我就是一个不达目的誓不罢休的人。

刚转行做保险的前两年，为了能够全身心投入工作，我决定和妻儿分开住。在公司附近租了个便宜的公寓，一个人过起了白天晚上连轴转的忙碌生活。

那时候，女儿只有1岁，儿子还没有出世。

我是一个意志力不强的人，只要稍微放松警惕就会一发不可收拾。正因为清楚自己的弱点，所以才决定切断自己的退路、破釜沉舟地干一场！

"为了这份工作，我连家庭都放弃了。既然付出了这么大的代价，就一定要做出点成绩来才行！"这就是我当时的意念。

白天埋头苦干顾不上想那么多，可到了夜深人静时思念之情就油然而生了，有时候看到电视里可爱的小姑娘就会禁不住落泪，甚至有段时间连续好几天辗转难眠。

那两年确实吃了很多苦受了不少罪，但也正是那段艰辛的历程成就了今天的我，使我能有资格在这里和大家分享经验。

我们把困难比喻成一面墙，若是一味地绕路而行，看似走得平稳其实并没有前进；只有把它翻越过去，才能看到不一样的风景！无论在哪个行业，道理都是一样的。

在某公司的学习交流会上，一个年轻的男职员向我提了这样一个问题："金牌销售员和普通销售员之间有什么区别呢？我一直希望自己能有一天在公司中做到最好，但怎样才能实现呢？"

"你是发自内心地想做第一名吗？"我严肃地问道。

"是的！"他的语气很坚定。

"既然如此，那就简单了。凡是与提高业绩无关的事情，不要想，也不要做！"我全然不顾他满脸的惊讶，继续说，"假如明天是周末，女朋友想约你一起出去玩。如果这次约会对你的工作有帮助，那可以去，但如果与提高业绩无关，就要说服自己拒绝她。类似的例子还有很多，朋友叫你一起去喝酒，多年不见的老同学年度聚会……若这些活动能使你距离金牌销售的目标更近的话，就应该去参加，反之，若仅仅是为了放松，那还是不要去了。"

"优秀的销售员每天都要重复很多遍的是'一定要成为NO.1'，并且所做的每件事都是为了早日实现这个目标，不仅是在公司的时候，一天24小时，他们无时无刻不在为之努力；而普通的销售员虽然每天也会对自己说'若能成为第一名该有多好'，但实际上还是像很多人一样平庸地过着每一天。这应该就是差距吧！"

说到这里，他的表情已经由惊讶变成目瞪口呆了。

"非达到这种程度不可吗？"

"要想人前显贵，必先人后受罪。和别人做一样的事情，又怎么能超越他们呢？"

当别人说你疯了的时候，你离成功就不远了。平凡的人做平凡的事，得到的也只是平凡的结果。**若要超越平凡的人生，你就必须**

145

比周围人多付出，甚至到疯狂的地步！

其实细节问题也是同样的道理。

如果做不到比别人更细心、更关心，客户就不会对你有特殊的好感，而得到的结果也比周围人好不到哪里去；但如果能稍微地多用一点心，那么工作上很快就能见到成效的。

对于客户而言，他们可能见过无数的销售。如果你没有什么特别之处的话，那么估计当时他就在潜意识中将你划分到普通的销售群中去了，时间一长根本连想都想不起来。

毫不起眼的细节可以使你在客户心中留下印象，所以对于渴望成功的人来说，注重细节绝对是不可缺少的。

失败是一笔财富

在某公司新人入职培训的演讲会上，有人问我这样一个问题："川田先生，您也一定有过失败的经历吧，能不能和我们分享一下？"

失败、挫折，这是一个经常被问及的话题，为什么大家对这些事情如此感兴趣呢？我想可能是因为大家都畏惧失败！

在读者发来的邮件中经常会有人抱怨，"我的工作一点都不顺利，生活也很苦闷……"甚至有一位读者告诉我，"我离开了上一家气氛压抑的公司后有幸拜读了您的作品，一下子就恢复了精神，接下来就开始找新工作了"。半年之后又收到他的另一封来信，"新工作已经找到了，非常感谢您！"说实话我看完后非常欣慰，可转念一想，社会中竟有这么多人被工作的失败、人际关系的不合困扰着，据说因此患上心理疾病的情况也时有发生，不免让人产生些许忧虑。

我在演讲中经常会问大家："你在工作中失败后的抑郁，和甲子园¹大赛中失球的痛苦比起来，哪个更强烈呢？"回答后者的占绝大多数，我自己也这样认为。

若真的在甲子园棒球赛中失球了，不仅会给团队和自己的班级、学校带来麻烦，而且自己也不会原谅自己的。这是全国直播，根本没有改正的机会。

尽管这样，休息几天后他们依然会拿起训练装备，开始为下一期比赛做准备，丢掉懊悔和痛苦，高一高二的学生会迅速调整好状态进入新的训练，而高三的学生，可以在毕业之后继续参加大学的棒球活动。没有人规定在高中失误过就不能在大学参加比赛，所以他们通常会坚定地告诉自己："以后绝不再犯这样的错误！"然后就全身心投入到下一季比赛的训练当中了。

当然，工作中的我们和这些高中生们还是不太一样的。

除非你主动离职，换一个全新的工作环境，否则是不会遇到类似"升学"这种转折性的机会的。由于人事调动被分配到其他的部门也不过是换个办公环境而已，根本不能彻底地重新开始。

那么我们应该怎么办？

"无论遇到多大的挫折，都一定要想办法克服它！总会有一

1　甲子园：日本高中棒球联赛的俗称，分为春、夏两季。甲子园是日本高中棒球队最辉煌的一个向往，进入甲子园就意味着打进全国决赛。

天，当你笑着回顾走过的路程时，就会觉得失败的日子是多么弥足珍贵。"

也许你会觉得我的回答简直是老生常谈，但这是我内心深处实实在在的想法。昨天这样认为，今天这样认为，10年之后肯定还是这样认为！

所以，当我们遇到挫折和失败的时候，微笑着接受它吧！请相信，这必将是我们人生路上的宝贵财富！

现在的我也常常回忆过去，很多时候都会发出这样的感叹："原来，当初的艰辛都是为了今天的收获！"

而这个道理，不只适用于工作，对于个人成长也同样适用！

我也有过很多次失败，甚至曾经因为和同事抢客户进行过深刻的反思。正因为有些错误是由于自己的贪婪造成的，所以我曾一度对自己产生过强烈的厌恶情绪。

但是，也正是这些事情，让我在引以为耻的同时，也吸取到了深刻的教训。

"如果不是当初的那些失败使我能够及时地悬崖勒马，我也许会在不知不觉中变成一个高傲自负、为所欲为的人，感谢它让我褪去了身上的幼稚与狂妄！"这就是我对当初的失败的理解。

其实想想看，所有失败和挫折的发生都不会是偶然的。如果把它们看作在特定的时间由于某些特定的原因发生的必然事件的话，就能从中学到很多。

在一次演讲中，我告诉听众们："我并不想为大家灌输'不要害怕失败'之类的思想。金无足赤，人无完人，谁都难免犯错，更不可能一帆风顺。但你一定要相信，失败乃成功之母，成功的路上离不开失败的经历！如果哪天你真的遇到挫折了，一定要想起来一个叫川田的人曾经告诉过你：'总有一天，它会转化成你真正的财富！'"

无论是谁，工作中肯定都会遇到困难、体会艰辛。而一个人在逆境面前采取什么样的态度，将对他的一生起到决定性的作用！

在我看来，欢笑与泪水，成功与失败，无一不是生活中珍贵的礼物。

常言道，人生不如意事十之八九，既然如此，又何必纠结于此？整理行囊，积极迈出下一步才是明智之举！

纵观今人古事，"天将降大任于斯人也，必先苦其心志，劳其筋骨，饿其体肤，空乏其身，行拂乱其所为，所以动心忍性，增益其所不能"。如此看来，正如做成任何一件事情都需要花费成本一样，这些失败、苦痛不正是我们为成功进行的投资吗？越是想做成大事，需要的成本就越高。工作、生活、人际关系，无一例外。

积极乐观地应对挫折，将其看作成功的资本。工作中，我们在对客户关怀备至的同时，也不要忘了关心一下自己的态度情绪！

急功近利，开不出艳丽的花朵

工作犹如播种。有的种子埋到土里，很快就能发芽、长叶、开花，而有的种子，任凭你左顾右盼，连个花骨朵都见不到。

也就是说，**即使我们在工作中该注意的细节都做到了，也不一定马上就能见到成效。见不到成效就说明这些细节毫无用处吗？我可不这么认为！从播种到开花结果，总是需要一段时间的。**

在10多年前，我向一个20多岁的年轻小伙儿推销保险。他当时在一个10人左右的小公司工作，单身。

他刚开始是不想买的，而且态度很坚决："我对保险不感兴趣！"可和我交谈了一会儿之后，又决定买一份了。

一切谈妥之后，我问了他这样一个问题："我最后想问你个问题，这每个月2万元的保险费恐怕是你目前为止最大的花销了吧，那么你打算从什么地方挤出这2万块钱来呢？"

我很了解，不管是1万元也好2万元也好，对于一个20多岁的单身男子来说肯定不是一笔小数目，所以我一定要弄清楚。或者可以说，这是我的一种关心吧！

年轻人边思考边回答："嗯……少喝些啤酒、饮料，然后……减少平时可有可无的开销，大概就这样吧！"

"可有可无的开销，是指什么样的花费呢？"

"这个嘛，什么花费呢……"他竭尽全力地在脑海中搜索着，却想不出个一二。

"也许作为一个销售人员说出下面的话你会觉得我神经病，但请你把它听完！**如果为了省出每月的保险费，你放弃参加联谊会，下班后也不和同事们一起喝两杯，周末时拒绝女朋友约会的邀请……那就不要买这份保险了。**用本该属于这些活动的开支去交2万块钱的保险费，实在是得不偿失！我这还有一种1.5万元的套餐，你可以考虑一下。"

没有哪个销售员会不希望自己签大单子的，哪怕多一块钱也好。而我竟然在合同谈成了之后又劝客户少买点儿，难怪他听得都懵了。

"为什么这么说呢？用来防万一的保险确实很重要，但相比之下，对于现在的你来说，更重要的是成长！现在回想起来，我曾经也参加联谊、进行约会、和公司前辈们在一起聊天……我能成长到现在是离不开这些活动的。所以无论如何也不要牺牲它们来换取一份保险！当然，纯粹为了解闷儿、八卦而喝的酒，还是要尽量减少的。若是想缩减对自己成长有意义的事情的开支，那么保险不买也罢。"

"请你综合考虑一下这些情况，每月2万真的没问题吗？"

他看着我，脸上写满了惊讶与不安。考虑了一会儿，低声说："这么一想的话，确实有点高……"

"你看看，幸亏我提醒了一下，否则你就买了这份保险了。以后做事可不能这样啊！现在打算怎么办呢？"我笑着问他。

"如果每月少5000元，那就没问题了。"

"行，那就签另一份！"

我一边准备着材料，一边继续和他聊天："你知道我为什么要问你这些吗？虽然我比你年长6岁，但是作为社会人，咱们还都是新手。但是再过10年、15年的话，也许就都能成为公司的中流砥柱，甚至在社会中有一定的影响力了。"

"通过销售这份工作，我认识了很多人，也成长了许多，所以也希望你能够尽快成长起来，希望若干年后的我们都比今天更优秀。为成长进行的投资是绝对不可削减的！"

最终，他签了一份每月1.5万元的合同。

对于我个人来说，宁愿让他觉得"从这个人手里买的保险真是买对了"，也不想多赚那5000块钱。

其实这种类似的话我对很多人讲过，但似乎这位年轻人尤其感到高兴。从那以后，他又给我介绍认识了很多人。每次劝朋友来见我的时候，他总会这样说："无论如何，先和他聊聊，保证你会有所收获！"

而10年后的今天，我当时所说的话已经在他身上兑现。他现在在日本一家知名IT公司任职了，我们也偶尔聊聊天。每次见面的时候，我还是会开玩笑地说："最初你说什么对保险没兴趣的，后来却不知怎么地就被我说服了！"

在我出第一本书的时候，他还在博客上帮我做宣传，其中有这样一句："这是我见过的最棒的销售员！"另一个公司的社长看到后回复说："一定要给我介绍介绍啊！"约见了那位社长之后，那位社长又介绍另外的人给我认识，另外的人又介绍他们各自的朋友……直到现在，这条关系链仍在延续。

如果我当初就想着签一笔高价的单子，最终让他买了2万元的保险的话，也就不会发生后来的这些事了吧！

随着自己的心做事，不以眼前的销售额为目标，以拓展人际关系为原则……经过了10年，当年的这些举措竟意外地开出了鲜艳的花朵！

人与人之间的缘分之花，有着各种各样的绽放形式：有的迅速利落，仿佛在急着争奇斗艳；有的厚积薄发，需要酝酿很长时间；而有的你明明觉得它只是个花骨朵，到最后却也张开了花瓣；当然，也有一些是不会开花的。（不到最后就不能妄下结论……）

如果我们执着于眼前利益而早早地将它采摘，那就有可能失去了一朵美丽的鲜花。

像播种一样把细微的关心种在自己的心间，细心呵护，不急于求成，当你意识到的时候，也许它已经长成一片吸引了无数优秀人物的花海了，而你正在这道艳丽的风景之中。

关怀其实是爱的表达

最后一节。

对于销售这份工作，我是发自内心地喜欢，因为它可以让我和更多的人接触。

但是说实话，我本有些怕生。即便到了现在，和第一次见面的人聊天时也会感到莫名的紧张。就连在上班路上遇到生疏的同事时心里也会做复杂的思想斗争："应该打个招呼吧！但如果我贸然地开口了，对方会不会不理我？"很多时候这样纠结来纠结去最终也就装作不认识了。

或许我天生不适合做销售，但是我喜欢听别人说话，喜欢从朋友身上学习东西。而正好这个职位能够满足我，所以就选择了它。

第五章
细节意识养成法则

在我第一次找工作的那段时间，其实也收到了商社、银行等行业中的一些知名企业的聘用通知，但最终还是选择了瑞可利株式会社。

当时是1989年，正是瑞可利事件[1]引起轩然大波的第二年。很多人问我为什么在这种情况下还是选择了这个公司，其实原因很简单：我喜欢和人打交道，也喜欢这里的人。

在宣讲会和面试时遇到的那些员工都让我感到钦佩，于是"想和这些人一起工作"就成了我应聘瑞可利公司的最大动机。

"做什么""怎么做"是我们在工作和生活中经常会考虑的两个问题，但相比之下，"和谁一起做"才真正决定了我们能否感受到充实和幸福。让我深切地体会到这一点的，是在大学时参加足球俱乐部时的经历。

回顾我几乎奉献给了足球的大学生涯，真心觉得自己度过了一段快乐的时光。我心里清楚，这份快乐来自周围的伙伴们，与足球本身无关。这种认识从来没有改变过，直到现在，更加确定。

包括我后来选择离开瑞可利进入保德信人寿保险，也是因为遇到了一位让我感到钦佩的前辈，喜欢上了他的思考方式和处事方式而已。

来到保德信人寿保险的这些年，我已接触过成千上万的客户了。正如大学时憧憬的那样，每天认识不同的人，听各种各样的故

1　瑞可利事件：1984年12月至1985年4月，瑞可利株式会社社长江副浩正向政界要人、政府官员及通信业界要人赠送其子公司瑞可利宇宙公司未上市股票。1985年10月30日，瑞可利宇宙公司在JASDAQ上市，受赠者卖股总获利约6亿日元。事件曝光后，行受贿双方的关联人物均受到制裁。

157

事。现在就是要通过这本书，把我所敬佩、喜欢的人和我认为精彩的故事和大家分享一下。

写到这里，我突然意识到，自己之所以能够对客户给予无微不至的关怀，难到不正是因为喜欢他们吗？即使是初次见面，只有对对方产生了好感才可能自然而然地注意到细微之处，如果只是功利性地想谈成一笔单子而刻意地去关心，对方是感受不到温暖的。我相信，管理层和服务人员肯定也会有同感。

因为关爱自己的员工，所以想尽可能地让他们工作得舒心；

因为喜欢自己的客人，所以想尽可能地多表达自己的感谢。

关怀，可以看作"我很喜欢你""你对我来说很重要"这种感情的另一种表达方式。因为多数情况下，直接说出自己的"喜欢"反而会让人感到奇怪甚至招致厌恶。

所以，懂得关心他人的人，工作总能进行得很顺利。

如果有人一本正经地对你说："去关心别人吧！"估计你就茫然不知所措了。怎样才算是关心呢？这本该是一个极其简单的问题。比如，当有人进办公室的时候，你为他把门打开，直到他走进来以后，再把门关上。即使这种平常得被人忽视的小事也会令对方充满欢喜和感激，而对方的一句"谢谢"也足以让你感到欣慰。

怎样才算是关心？在传递感情的一瞬间，相互之间都可以感到温暖，这就是关心！

第五章
细节意识养成法则

东日本大地震[1]之后，多地的志愿者赶赴灾区自发地进行救援活动，当然，类似的活动在当今社会也随处可见。

无论是伸出援助之手的陌生人还是不求回报的志愿者，他们的付出算是极大的关怀了吧，关心别人的同时自己的内心肯定也是充实的，因为这能让他们感受到自己的存在价值。

感受自己的存在价值，相信这是每一个人的期望。但如何才能感受到呢？这应该是当今社会中一个普遍存在的问题吧。

"希望自己能为别人做点什么""渴望被需要"，但就是找不到实现的方法，或者说是没有机会。

可是我觉得，即使从开门这种每天发生的小事当中，也是可以感受到自我价值的。这样来看，机会不是随处可见吗？

所以我认为，**在本书中提到的细节，既是对对方的关爱，又是对自我价值的肯定**。如果怀着这样的意识传递关怀，从生活中的小事做起，最终形成连锁反应不断扩大，那么大家就可以变得更加幸福，世界也将更加美好了！

而我写这本书的最初动机，也正在于此。

记得这也是我在外地演讲时发生的事。

那次是被安排到一个乡间酒店住宿，里面有一个很大的公共浴池。虽说浴池是属于酒店的，但由于地处乡村，也会有很多当地人来。然而，大家泡完澡后，都会把木桶倒放过来之后才离开。

1　东日本大地震：2011年3月11日，日本当地时间14时48分，日本东北部海域发生里氏9.0级地震，并引发了海啸，造成重大人员伤亡和损失。

出于好奇，我了解了一下，原来这并不是酒店的要求。那么为什么他们无一例外地倒放过来之后再走呢？应该是某一个人首先这样做了，第二个人看到后觉得不错也把桶倒过来了，然后一个接一个、越来越多的人开始效仿，于是形成了一种不成文的规定。

对他人的关怀，真的是可以传染的。

我们现在扔垃圾时把瓶盖、瓶身和标签分开扔的习惯肯定也是这样不知不觉地形成的。当我们在嘶嘶地把塑料标签从瓶子上揭下来的时候，其实是想减少垃圾处理工人们的麻烦吧；再加上制造商为了减少我们撕的时候的麻烦，又会在生产时下一番工夫，时间一长，垃圾分类处理的习惯就形成了。从这点来看，真的不得不感叹日本人的细心。

生活在这样一个充满关怀的国家，我觉得很自豪。

也许外国的朋友们读这本书的时候会觉得莫名其妙："什么零钱在上还是发票在上啊，先端水来还是先收拾碗筷之类的，这也过于拘泥了吧！"但我相信如果你是日本人的话，肯定能够理解这些状况的。

如果每个人都能给他人一份哪怕是极其细微的关怀，并将其传递下去的话，那么整个社会将会更加和谐，整个国家也将更加幸福。

同样，如果这本书也让你感到了些许温暖，那将成为我至高的荣幸。

后记　学会宽容

大概是15年以前吧，我曾和一位牙科医生对下雨天打伞乘电车的事情进行过一番讨论。虽然已经记不清是如何从保险谈到这个话题的，但谈论的内容我至今记忆犹新。

"家长经常教育孩子们，在下雨天乘电车的时候不要把自己湿漉漉的雨伞碰到其他的乘客，应该懂得'己所不欲，勿施于人'的道理。"

当我说到这里的时候，他突然打断了我的话："我认为这并不是最重要的！"

稍微停顿了一下，他继续说到：**"与其教育孩子不要碰到其他乘客，倒不如告诉他们当自己被别人的湿雨伞碰到的时候要给予对方一份理解与宽容。因为现在是雨天，拥挤的电车里谁碰谁一下都是在所难免的。人生于世，不是你麻烦我就是我麻烦你，也正因为如此，我们才能够生存下去……"**

"好深刻……"我反复咀嚼着这几句话。

多么深入浅出的言语！想来的确如此，人本来就不是可以脱离外界单独存在的动物。既然要生存，就肯定要与周围人发生各种各样的关系，麻烦到别人也是极为正常的。所以，我们应该怀有一颗善解人意的宽容之心！

本书的所有章节都是围绕细节展开的，只是我在最后才想到这位牙医说过的一番话，觉得有必要和大家分享一下，所以就放到这里了。

设身处地地为别人着想固然重要，然而更重要的是要学会宽容别人。海纳百川，有容乃大。当对方的言语行为让我们感到不舒服时，不要急躁，考虑一下他的处境、体谅一下他的苦衷，然后欣然接受，也许彼此双方就都能感受到温暖了。

即使再细心的人也会有考虑不到的地方，也会不可避免地在某些地方给周围人带来麻烦（我肯定也是如此），所以我们更应该学会宽容！

这即将成为我的第三本书了。和前两次一样，承蒙大家的帮助与指点，这本书才能顺利地完成。感谢保德信人寿保险、瑞可利株式会社的同事们，广报等各出版社的朋友们，以及不厌其烦地对原稿进行批评指正的前辈们，没有你们的协助就没有今天的这本书！

此外，对我利用一切空闲时间进行创作没有丝毫怨言的家人们，给我提供了诸多新颖视角的三宫先生、谷田先生，当然还有令

后 记

学 会 宽 容

我受益最大的客户们，没有你们的理解、支持与启迪就没有今天的这本书！

再次深表感谢！

最后，衷心希望这本凝聚了多人汗水的作品——《日本人如何做细节》，能够对你的工作和生活有所帮助！

川田　修

如果您对本书有什么意见或感想，可以通过以下方式联系我。

电子邮箱：shiroi_hankachi@yahoo.co.jp

期待您的来信！

汪中求经典培训课程

课程内容

1. 细节决定成败
2. 精细化管理
3. 契约精神
4. 零缺陷工作
5. 工匠精神
6. 浪费的都是利润
7. 政府精细化管理

吴宏彪经典培训课程

课程内容

1. 精细化管理
2. 银行精细化管理
3. 医院精细化管理
4. 核心价值观
5. 工业4.0与企业精细化管理升级
6. 工业4.0与德国精准制造

朱新月经典培训课程

课程内容

1. 中国领导智慧——为什么是毛泽东、邓小平、习近平
2. 伟大家族的传承机制
3. 第四次工业革命与中国企业转型升级
4. 互联网时代的领导力
5. 细节决定成败
6. 零缺陷工作
7. 工匠精神

刘寿红经典培训课程

课程内容

1. 零事故——安全精细化第一准则
2. 车间精细化管理
3. 班组精细化管理
4. 班组执行力
5. 中层精细化管理

中国企业国际高端研修班

1. 德国工业4.0与精准制造学习班

2. 日本高技术与智能产业研修班

3. 日本精细化管理与阿米巴经营研修班

4. 日本家族企业传承研修班

5. 欧洲家族企业与品牌经营研修班

6. 美国（东部）领导力与创新研修班

7. 美国（西部）硅谷互联网+创新研修班

8. 英国现代金融与服务业研修班

9. 以色列创新实践研修班

以上每期研修班15人即可成团

咨询热线：

王　思 15801618683　　刘　畅 15810162680

翟韶洁 18201426080　　赵　敏 18201422600

博士德知识传播机构

 010-6848 7630

微信号：EDP-BSD　　微信号：AI-BSD